CHOPIN
OU LE POÈTE

GUY DE POURTALÈS

ALICIA ÉDITIONS

TABLE DES MATIÈRES

Dédicace	v
1. « Un ange beau de visage comme une grande femme triste »	1
2. Les enfances Chopin	4
3. Naissance du poète	8
4. Malheur et idéal	12
5. Solitudes viennoises et révolution à Varsovie	21
6. « Je ne sais s'il y a une ville sur terre où l'on trouve plus de pianistes qu'à Paris. »	29
7. Années heureuses, années travailleuses	37
8. Marie Wodzinska et le crépuscule	43
9. Première esquisse de George Sand	56
10. Lettres de deux romanciers	62
11. La Chartreuse de Valdemosa	78
12. « If music be the food of love, play on » SHAKESPEARE	89
13. Sur quelques amitiés de Chopin et sur son esthétique	99
14. Mésintelligences, solitudes	111
15. Chagrins, haines	121
16. Histoire d'une rupture	130
17. Le Chant du cygne	145
18. Les cyprès ont leurs caprices	158
19. Mort de Chopin	161
20. Épitaphe pour un poète	165
Sources	169

DÉDICACE

Lorsque je proposai l'exemple de Liszt à une âme endommagée, mais capable encore d'enthousiasme, je méditais de lui offrir aussi cette histoire de Chopin. Non que celle-ci doive servir à estomper ce qu'il peut y avoir dans celle-là d'un peu trop éclatant. Au contraire : elles se complètent et montrent, l'une par la bosse, l'autre par le creux, le double visage de cet être symbolique que nous nommons l'artiste. Ou le sensible, le réalisateur, celui enfin à qui nous portons envie.

L'un de ces masques figure gloire et passion ; l'autre, douleur et solitude.

J'entends bien ce qui sonne romantique dans ces quatre mots, alors que la mode en est tellement passée. Mais, si je constate qu'à dater de nous tout a été tenté, en effet, pour supprimer de notre orchestre ces harpes, ces trémolos, ces rubatos, ces grandes ondes harmoniques qui firent se pâmer trois générations amateurs des conflits du ciel avec l'enfer, il me suffit pourtant d'ouvrir le journal à la rubrique des tribunaux, de regarder les vitrines des marchands de tableaux, d'écouter un saxophone, pour me convaincre que les thèmes de la légende humaine n'ont nulle part changé. Les rythmes sont différents, les coloris, mais nos tables de résonance sont les mêmes qu'aux époques les plus innocentes. Le désaccord véritable entre nos aînés et nous, c'est que le laid — ou ce qu'ils nommaient ainsi — a été aujourd'hui incorporé au beau — ou ce que nous nommons tel. Autrement dit : il n'y a plus à présent de laid et de beau, de consonant et de discordant, il n'y a plus de censure esthétique. Comme l'a écrit un de nos sages : « *Je vois passer l'homme moderne avec une idée de lui-même et du monde qui n'est plus une idée déterminée... Il lui est devenu impossible d'être l'homme d'un seul point de vue, et d'appartenir réellement à une seule langue, à une seule nation, à une seule confession, à une seule physique** » ; Ajoutons : *ni à une seule musique. À force de rigueur et de science, il nous devient loisible de tout croire, ou rien. De tout aimer, ou personne. Mais y gagnons-nous autrement qu'en puérilité et en vieillesse ? Je me demande si cette neuve abondance nous féconde mieux que ne fertilisait nos pères leur apparente pauvreté. La masse des sensations et des connaissances n'a pas accru notre lucidité, non plus que la sirène et la machine à écrire n'ont ajouté un son neuf à la gamme. Mais nous ne voudrions consentir à nous passer d'aucun de ces apports récents.*

Pourtant, si un jazz bien ironique, bien cynique m'enchante, il ne m'ôte rien du plaisir que j'ai à entendre Chopin. Je serais désolé de ne savoir goûter deux formes si différentes de la tristesse moderne, l'une née à la Nouvelle-Orléans, l'autre dans un grenier de Varsovie.

Pour serrer autrement le petit problème que les deux existences parallèles de Liszt et de Chopin proposent à notre réflexion, disons que nous sommes en certains jours plus aptes à l'action, à la jeunesse, à la dépense sous toutes ses formes ; en d'autres, à la réserve, à la pudeur, à l'incertitude, à la concentration, et — bien que ce mot ait perdu de sa beauté — au mystère.

De Liszt, la vie se lit au grand jour. Il l'a écrite partout avec de l'encre et des aventures. De Chopin, presque rien ne subsiste. Sa nature le préservait des vaines expériences et le destin a voulu en outre qu'un grand nombre de ses lettres et de ses reliques fussent brûlées dans une maison varsovienne qu'habitait sa sœur en 1863. Nous n'avons donc où le trouver que sa musique, quelques vestiges de correspondance et les souvenirs de ses amis. Au demeurant, sa vie fut toujours si simple et si logique, qu'un peu de commentaire est nécessaire pour l'entendre, comme sur une note une appogiature la fait mieux valoir. Deux ou trois voyages exceptés, le monde extérieur a fort peu pénétré cette imagination tournée toute vers le dedans.

---

* Paul Valéry : *Rhumbs*.

Sa poésie est ce qu'il ajoute de possible et de chantant aux déceptions de ses journées.

Assez mal servi en amour, en amitié, en tout ce qui exige de l'aveuglement ou un excès de pédale, ce souffreteux lucide ne s'est regardé que dans un seul miroir : l'ébène de son piano.

« Piano, instrument merveilleux », dit-il. Bien entendu, puisque le piano est un orchestre. Mais il y a davantage : il est un instrument. Donc, une âme.

C'est la seule que Chopin ait connue, aussi a-t-il fait du piano son légataire universel.

Si Liszt vous a rendu de l'audace pour saisir les joies du moment et un peu de confiance en vous-même, Chopin vous peut devenir un compagnon non moins fraternel. Sa vie est celle de votre ombre anxieuse. Sa musique n'est peut-être pas autre chose que le chant monté de votre désert intime.

Tout art est riche surtout dans la mesure où vous-même savez lui prêter. Toute âme vous possède dans la mesure où vous faites effort pour la recevoir. Accueillez celle-ci comme une expression, plus pure que ne la peuvent fournir les mots, de ce qu'il y a dans l'amour d'à jamais inexprimable.

———

CHAPITRE UN

« UN ANGE BEAU DE VISAGE COMME UNE GRANDE FEMME TRISTE »

Ce portrait de Chopin tracé par une main qu'il aima, il convient de le placer en frontispice à cette étude. Au moyen âge, des peintres naïfs — et qui eux aussi venaient solliciter leur pardon — accrochaient dans l'ombre des cathédrales une œuvre expiatoire. Cette main de femme, aujourd'hui morte, autrefois caressante, a sans doute obéi en écrivant ces mots à l'obscur besoin de se sentir absoute. Elle ajoutait : « Rien n'était plus pur et plus exalté en même temps que ses pensées... » Et peut-être avec un léger tremblement : « ... mais cet être ne comprenait que ce qui était identique à lui-même. Il aurait fallu un microscope pour lire dans son âme où pénétrait si peu de la lumière des vivants. »

Le microscope n'a jamais servi à déchiffrer une âme. Laissons de côté les instruments d'optique pour suivre le conseil de Liszt : tâchons de voir avec le cœur.

Il faut encore écrire un nom en tête de ces pages, parce qu'il gonfle tout entier l'être dont nous allons parler, c'est celui de Pologne. Depuis 1795, ce vieux pays avait été complètement démembré, lorsque Napoléon, ce grand poète de la géographie, créa, après sa première campagne de Prusse, le duché de Varsovie (1807). Il devait durer jusqu'à la chute de l'Empereur, c'est-à-dire huit ans à peine.

Mais il suffit de ces huit ans pour nimber la France, dans l'esprit des Polonais, de je ne sais quel juvénile prestige.

Or, en 1806, un M. Nicolas Chopin, professeur de français chargé de l'éducation du fils de la comtesse Skarbek, se mariait dans le village de Zelazowa Wola, à six lieues de Varsovie, avec Mlle Justine Krzyzanowska. Il était Français d'origine, natif de Marainville, petit village tout proche de la colline de Sion, au cœur spirituel de cette Lorraine dont l'histoire est si curieusement mêlée à celle de la Pologne. La fiancée de cet ancien comptable devenu précepteur, était une jeune fille de vingt-quatre ans, de famille noble et ruinée. Elle tenait chez la comtesse, avec d'autres personnes de condition, le rôle de suivante et de dame d'honneur, comme le voulait la tradition chez ces grands seigneurs pauvres et orgueilleux.

À côté de l'habitation seigneuriale, que protégeait un bouquet d'arbres, s'élevait une maisonnette flanquée d'un perron. Un vestibule la perçait d'outre en outre, par où s'apercevaient la cour, les étables, et, au loin, les champs de luzerne et de colza. Le jeune ménage s'y installa. À droite de l'entrée, trois pièces basses dont on touchait le plafond du doigt. Il y naquit bientôt une fille, qu'on appela Louise. Peu de temps après cet événement obscur, ce fut la campagne des Français en Prusse, Tilsitt, Austerlitz, Iéna, Wagram, et les aigles polonaises volant à la suite des aigles impériales. Haydn mourut pendant que tonnait pour la seconde fois sous Vienne le canon de Napoléon. Quatre obus étant venus tomber près de chez lui, le vieux compositeur dit à ses domestiques effrayés : « Pourquoi cette terreur ? Sachez que là où est Haydn, aucun désastre ne peut arriver. » Stendhal, commissaire aux armées, assista aux obsèques. Puis il nota dans ses papiers : « Pourquoi tous les Français illustres dans les belles-lettres proprement dites, La Fontaine, Corneille, Molière, Racine, Bossuet, se donnèrent-ils rendez-vous vers 1660 ? Pourquoi tous les grands peintres parurent-ils vers l'an 1510 ? Pourquoi, depuis ces époques fortunées, la nature a-t-elle été si avare ?... La musique aura-t-elle le même sort ? »

Pourtant Beethoven, à cette date, écrivait le *Quatuor serioso* et la sonate en mi bémol majeur, qu'on nomme *les Adieux*. Il avait composé déjà six de ses Symphonies, la *Sonate à Kreutzer*, *l'Appassionata*, *Fidélio*. Schumann, Liszt et Wagner approchaient. Goethe vivait. Byron publiait ses premiers vers. Shelley et Keats ébauchaient les leurs. Balzac, Hugo, Berlioz étaient sur les bancs de l'école. Et le 22 février de 1810, à six heures du soir, dans la maisonnette de Zelazowa Wola, naissait Frédéric-François Chopin.

Il vint au monde en musique, car précisément des violons rustiques donnaient l'aubade sous les fenêtres de sa mère, pour une noce de village.

CHAPITRE DEUX
LES ENFANCES CHOPIN

Le 1ᵉʳ octobre de la même année, Nicolas Chopin fut nommé professeur de français au lycée de Varsovie et toute la famille s'installa dans la capitale. Elle s'y mêla tout de suite aux espèces citadines et ne retourna jamais aux champs. Varsovie était du reste une forte terre où l'on prenait aisément racine entre ses palais italiens et ses baraques de bois. Sa population grouillante joignait à la pompe asiatique la saleté du Groenland. On y voyait le Juif barbu, la religieuse, la jeune fille en manteau de soie claire et le Polonais moustachu, en caftan, avec le ceinturon, l'épée et les bottes rouges.

M. Chopin se multiplia pour augmenter ses ressources, parce que sa famille s'accroissait. Après Louise et Frédéric, naquirent Isabelle, puis Émilie. En 1812, il devint professeur à l'École d'Artillerie et du Génie, et obtint le même poste à l'École Militaire préparatoire en 1815. Puis il ouvrit chez lui un petit pensionnat pour les jeunes gens riches.

On voit sans peine le milieu, les mœurs, les habitudes parmi lesquels Frédéric grandit dans cet intérieur uni et occupé. Les vertus domestiques des siens, une modestie un peu rigide le préservèrent des contacts sévères du réel. C'est ainsi, dit Liszt, que « son imagination prit ce velouté tendre des plantes qui ne furent jamais exposées aux poussières des grands chemins ».

Voici donc un enfant très doux, très pâle, enjoué, d'une sensibilité de petite fille, et que deux passions dominent : l'amour de sa mère et le piano. On l'avait mis de très bonne heure devant le clavier et il y retournait tout seul, attiré par les touches. La musique lui arrachait des larmes, des cris. Elle devint tout de suite un mal nécessaire. Il aimait beaucoup ses sœurs aussi, et, parmi les élèves de son père, se choisit quatre amis : Fontana, Titus Woyciechowski et les frères Wodzinski.

Pour l'anniversaire de ses huit ans il joua dans une soirée au bénéfice du vieux poète Niemçewicz. On l'avait habillé à l'anglaise, avec une veste de velours et un large col rabattu. Et comme sa mère, ensuite, l'interrogeait sur son succès, voulant savoir ce que le public avait préféré : « Mon col », répondit-il avec fierté.

L'aristocratie polonaise, et même le grand-duc Constantin, gouverneur de Varsovie, s'intéressèrent à l'enfant. Il reçut l'ordre de paraître devant ce prince redoutable et joua pour lui une Marche de sa composition.

— Petit, lui dit le frère du tsar, pourquoi regardes-tu toujours en haut ?

Mais n'est-ce pas vers le plafond que regardent les poètes ? Chopin n'était « ni un prodige intellectuel, ni un petit animal savant », écrit l'un de ses biographes, « mais un enfant naïf et modeste qui jouait du piano comme chantent les oiseaux... »

On lui donna des maîtres. Zywny d'abord, un assez vieux monsieur de plus de soixante ans, originaire de Bohême, violoniste, bon pédagogue et qui avait le culte de Bach. Il l'inculqua à son élève et l'on sait à quelle profondeur se gravent les enthousiasmes de l'enfance. Puis, en 1824, en même temps qu'on mettait Frédéric au collège, son père remplaça Zywny par Elsner, un professeur silésien qui lui enseigna l'harmonie et la composition. Sans être un musicien considérable, Elsner n'en était pas moins un personnage : auteur d'opéras, de symphonies, de messes, et directeur du Conservatoire. Il eut le mérite de ne contrarier en rien les dons personnels de Chopin :

— « Laissez-le faire, disait-il, s'il s'écarte un peu du chemin battu et de l'ancienne méthode, c'est parce qu'il a la sienne à lui, et ses œuvres témoigneront un jour d'une originalité qui ne s'est encore rencontrée chez personne. Il suit une voie extraordinaire, parce que ses dons sont extraordinaires. »

On approuvera ce bon prophète. Elsner était un modeste. Il habitait deux cellules dans un vieux monastère de la rue des Jésuites. Ses élèves l'embrassaient sur l'épaule droite, à la mode polonaise, et il ripostait par des baisers sur les deux joues. Dans son rapport annuel au Conservatoire, il note : Chopin, Frédéric (élève de 3e année), étonnantes capacités, génie musical. »

Au collège, il travaille bien aussi, remporte des prix. Enfin, c'est un adolescent facile et doux, gai jusqu'à la pitrerie, comme beaucoup de mélancoliques. Ses camarades l'adorent, à cause surtout d'un talent de mimique et d'imitation qui prouve jusqu'à quel point il sentait la grimace des âmes. Il jouait la comédie avec ses sœurs, qui écrivaient des pièces pour les enfants. Il rédige un journal.

Ces événements minimes émaillent une vie sans traverses. Notons trois faits seulement. En mai et juin 1825, dans deux concerts donnés au Conservatoire, Chopin joue un *Allegro* de Moschelès et improvise devant l'empereur Alexandre, qui lui offre une bague. Dans le cours de la même année, il publie son *Premier rondo* en do mineur (op. I), dédié à Mme Linde, la femme du recteur du Lycée. Enfin, l'été suivant, il est invité par le prince Radziwill au château d'Antonin.

Jouer en public n'offrait déjà plus de sensations neuves. En revanche, publier sa musique est une joie fraîche qu'il goûte avec un naïf plaisir. Et si le morceau n'est ni très profond, ni très savant, il a pourtant sa marque personnelle. « Une dame, disait Schumann un peu plus tard en parlant de cette œuvrette, trouverait qu'elle est très fine, très jolie... » Voyez comme l'on pressent déjà que les dames vont s'en mêler ! Telle est la première fleur de cette âme chaste.

Le séjour au château d'Antonin, dans l'été de 1826, fut pour Chopin la révélation des joies que peuvent donner, lorsqu'elles sont réunies entre des mains expertes, l'opulence matérielle et les raffinements de l'esprit. Voilà ce dont ce jeune aristocrate avait besoin pour éveiller ses tables de résonance. C'est un luxe que méprisent les forts. Mais un cœur féminin ne saurait se passer de ces jouissances savamment distribuées, qui vont d'une cuisine exquise aux œuvres d'art, du confort matériel aux subtilités de l'intelligence et qui soumettent ce cœur malgré lui à la domination du délicieux. Pour ma part, je trouverais intéressant de connaître et l'ameublement, et les tableaux, et les hôtes, et les conversations qu'on pouvait voir et entendre pendant cet été de 1826 chez le prince Radziwill. Par malheur, ces renseignements ne peuvent plus être fournis d'une manière très sûre. Après tout, peut-être suffit-il de savoir que Chopin appelait Antonin « un paradis » et qu'il déclara « divines » les jeunes princesses. Mais il est bien certain que dès lors la nostalgie de cet accord que forment entre eux la terre natale, une somptueuse demeure et des jeunes êtres heureux, a décomposé tous ses élans en d'invincibles regrets.

CHAPITRE TROIS
NAISSANCE DU POÈTE

Lorsqu'on lui demandait, après quelqu'une de ses improvisations au piano d'une audace toujours un peu sombre, mais d'une si poignante, d'une si dramatique tendresse, de quel nom il fallait appeler cette atavique désolation qui semblait chose trop âgée pour son jeune être, il répondait par le mot polonais de *zal*. Mot qu'il répétait, qu'il aimait, susceptible de régimes différents et qui tantôt renferme tous les attendrissements, toutes les humilités, tantôt la rancune, la révolte, les vengeances glaciales. Mot qui signifie aussi bien *regret inconsolable*, que *menace*, ou *amertume stérile*, et qui pourrait convenir enfin à tous ces Hamlets cruels et poètes que sont les Slaves. Dès sa seizième année, le *zal* fut le bel ennemi de son bonheur, l'ennemi qu'on arme toujours de neuf quand on a le cœur romantique et que la destruction de soi apparaît comme la plus éclatante des formules de la vie. Pour s'être connu, puis cultivé sans résistance, Chopin a réussi ce miracle exceptionnel d'être lui-même tout entier avant que la vie lui eût rien appris. De rester lui contre elle, en dépit d'elle. La somme de connaissances qui lui était nécessaire, il la possédait à seize ans. Elle se réduisait aux sept notes de la gamme, qui suffisent à l'expression de tous les sentiments. Il n'était tourmenté du besoin d'aucune autre nourriture que la recherche de son propre style. C'était là sa manière d'atteindre à une vérité. En dehors de son piano, l'univers, vraiment, n'était que littérature.

Aussi son père lui permet-il de quitter l'école à dix-sept ans pour se donner tout entier à la musique. On installe pour lui, sous le toit, une petite chambre de travail, avec un vieux piano et une table. C'est là qu'il écrit ses premières œuvres. Et c'est dès cette époque déjà qu'en essayant ses forces il acquiert ce toucher, ce style si neufs, qui vont faire bientôt l'étonnement du monde artistique. L'année suivante, il compose ses *Variations* sur le *la ci darem la mano* de Mozart, dont Schumann disait en les feuilletant : « Eusèbe entra l'autre jour doucement. Tu connais le sourire ironique avec lequel il cherche à vous intriguer. J'étais au piano... Eusèbe plaça devant nous un morceau de musique en disant ces mots : « Chapeau bas, messieurs, un génie ! » Nous ne devions pas voir le titre. Je feuilletai machinalement le cahier : la jouissance voilée de la musique sans les sons a quelque chose d'enchanteur. Et puis, à ce qu'il me semble, chaque compositeur offre aux yeux une physionomie de notes qui lui est propre : Beethoven a une autre apparence que Mozart, sur le papier... Mais ici je me figurai que des yeux absolument inconnus, des yeux de fleur, des yeux de basilic, des yeux de paon, des yeux de jeune fille me regardaient merveilleusement. Aussi quel ne fut pas l'étonnement des auditeurs en lisant sous le titre : opus 2... Chopin ? Je n'ai jamais entendu ce nom. »

Retenons le son prophétique de cette surprise : des yeux de fleur, des yeux de basilic, des yeux de paon, des yeux de jeune fille. Ce beau portrait musical peint tout entier le cygne polonais qui essaye ses premiers battements d'ailes.

Il s'envole très peu de temps après, au début de septembre 1828, pour son premier voyage. Un ami de son père, le professeur Jaroçki, l'emmène à Berlin où il doit assister à un congrès scientifique. C'est, chez Frédéric, un délire d'enthousiasme. Après cinq jours de cahots en diligence, les voyageurs arrivent dans la capitale prussienne et descendent à l'hôtel du Kronprinz. La première visite de Chopin est pour la fabrique de pianos de Kisting, la seconde pour l'Académie de chant, la troisième pour l'Opéra où l'on donne *Ferdinand Cortez*, de Spontini, et *le Mariage secret*, de Cimarosa. « J'ai suivi ces opéras avec grand plaisir, écrit-il aux siens, mais je dois reconnaître que la musique de Hændel se rapproche le plus de l'idéal musical que je me suis fait... Demain on joue *Freyschutz* ; c'est de cette musique-là, précisément, que j'ai besoin. » Il voit de loin Spontini et le jeune Mendelssohn. Il dîne au Congrès des naturalistes. « Hier, banquet en l'honneur de Messieurs les savants. Quelles caricatures ! Je les ai classés en trois groupes. » Il a pour voisin de table un professeur de Hambourg. Celui-ci, causant avec Jaroçki, s'oublie si bien qu'il prend l'assiette de Chopin pour la sienne et se met à tambouriner dessus. « Un vrai savant, n'est-ce pas ? auquel il ne manque rien, pas même le gros nez difforme. J'étais sur des épingles pendant ce tambourinage, et quand il eut fini, je n'eus rien de plus pressé que d'essuyer avec une serviette la trace de ses doigts. » Cette affaire est l'objet d'un rapport circonstancié, tant on sent son dégoût tenace. Puis il est question des toilettes féminines. Détails ? Non pas. Cela le frappe bien plus au vif que les visites obligatoires au Musée Géologique

Enfin, après un séjour d'une quinzaine, l'on remonte en berline pour reprendre la route de Varsovie. En arrivant à Zullichau, entre Francfort-sur-l'Oder et Posen, les chevaux manquent et il faut s'arrêter pour en attendre de frais. Que faire ? Par chance, le relais de poste est en même temps l'auberge. Le professeur Jaroçki en profite pour se mettre à table ; Chopin aperçoit un piano. Il l'ouvre, s'assied, et commence de laisser courir ses doigts. Alors un voyageur âgé vient silencieusement s'asseoir auprès de lui, puis un autre, puis à petit bruit tous les habitants de la maison : le maître de poste, sa femme, ses filles, les voisins. Quelle surprise que ce rossignol apporté par un coup de vent du pays des fées ! Tout à coup, la tête du postillon s'encadre dans la fenêtre et il s'écrie d'une voix tonnante :

— En voiture ! Les chevaux sont attelés.

— Au diable le trouble-fête, répond le maître de poste furieux.

On supplie le jeune homme, qui déjà s'est levé, de se rasseoir.

— Continuez, de grâce, continuez, font les dames.

— Je vous donnerai des chevaux supplémentaires s'il le faut, ajoute le maître de poste.

Et le vieux voyageur dit à son tour :

— Monsieur, je suis un musicien d'autrefois qui connaît son affaire. Moi aussi, je joue du piano. Si Mozart vous avait entendu,

Monsieur, il vous aurait serré la main. Moi, obscur individu, je n'ose me le permettre...

Et quand Chopin s'arrête, cet étrange public le saisit et le porte en triomphe.

Un Schumann bouleversé, ce maître de poste enthousiaste, ce timide musicastre tout tremblant d'émotion, tels sont les signes qu'un poète nouveau est né parmi les hommes.

CHAPITRE QUATRE
MALHEUR ET IDÉAL

Mais c'est l'année suivante seulement qu'il va trouver sa voix. Un soir qu'il est à l'Opéra, il remarque dans un petit rôle une jeune cantatrice au timbre clair, aux cheveux blonds, à la bouche attrayante. Il apprend qu'elle se nomme Constance Gladkowska et qu'elle est encore élève du Conservatoire. L'impression que produit sur lui cette jeune fille est vive, mais toute pure et enfantine. Obtenir le ruban qui noue sa chevelure, mourir en le tenant caché sur sa poitrine, suffirait à ses désirs. Et si léger est ce sentiment qu'il n'en fait d'abord confidence à personne. Au demeurant, une autre pensée le travaille davantage : celle de quitter Varsovie parce qu'il sent bien en avoir épuisé les ressources musicales.

Au mois de juillet 1829, son père le munit de quelque argent durement économisé et le jeune compositeur, en qui maintenant de tous côtés tant d'espoirs sont fondés, peut partir pour Vienne. Sa première visite est pour Haslinger, l'éditeur de musique, grand bénisseur qui le reçoit à bras ouverts et déjà le surnomme « la nouvelle étoile du Nord ». Mais Chopin, qui n'a pas vingt ans, est méfiant et sceptique. On le présente au comte Gallenberg, intendant des théâtres impériaux ; on l'encourage à donner un concert. « Ce qui rassure Gallenberg, écrit-il à ses parents, c'est que je ne m'attaquerai pas à ses poches ; je jouerai sans exiger d'honoraires. Je pose ici pour le désintéressement et pour le dilettante. Je suis musicien par amour de l'art. »

Le concert eut lieu au Théâtre Impérial, le 11 août, à 7 heures du soir. L'orchestre joua une ouverture de Beethoven, des airs de Rossini. Puis le frêle Chopin, d'apparence déjà maladive, s'avança sur l'estrade. Une vieille dame assise au premier rang s'exclama à mi-voix : « Quel dommage que ce jeune homme n'ait pas meilleure tournure ! » Mais Chopin était plus blême de colère que d'émotion, car l'orchestre n'ayant pas réussi à déchiffrer ses *Variations*, l'obligeait à changer de programme. Il improvisa donc sur un thème de *La Dame blanche*, puis sur l'air polonais de *Chmiel*.

Liszt excepté, personne jamais n'improvisa comme Chopin. Sous sa main élégante s'ouvrait un monde velouté de douleurs légères, où chacun frémissait de surprendre un souvenir de ses mélancolies. Et le vieillard comme la jeune demoiselle suivaient avec délices ces chuchotements exquis. Mais le pouvoir des poètes, quel est-il, sinon de faire chanter votre âme, dont mieux que vous ils possèdent le secret ?

Tel fut le succès de ce premier concert, que Chopin se décide à en donner un second une semaine plus tard. Et cette fois il joue sa *Krakoviak* que l'orchestre a répétée, et ses *Variations* sur le *la ci darem*. Le comte Lichnowsky, l'ami de Beethoven, est présent et applaudit à tout rompre. Public, musiciens et critiques laissent percer leur surprise, car tout est neuf en Chopin, et la forme comme le fond. « Le public a reconnu dans ce jeune homme un grand artiste… En raison de l'originalité de son jeu et de ses compositions on pourrait presque lui attribuer du génie », dit la *Wiener Theaterzeitung* ; et l'*Allgemeine Musikalische* : « L'exquise délicatesse de son toucher, l'indescriptible dextérité de son mécanisme, le fini de ses nuances qui reflètent la plus profonde sensibilité, la clarté de son interprétation et de ses compositions qui portent la marque d'un grand génie, révèlent un virtuose favorisé par la nature et qui, sans réclame préalable, apparaît à l'horizon comme un de ses plus brillants météores. » Une seule critique, celle-là même que Chopin s'adresse : il joue trop doux, il manque d'éclat et de sonorité. « Il n'y a presque qu'une voix pour dire que je joue trop doucement, ou plutôt trop tendrement pour le public d'ici, écrit-il à ses parents. On est habitué aux grosses caisses des virtuoses. Mais j'aime mieux qu'on dise que j'ai été trop doux que trop brutal. » Et dans une autre lettre : « C'est ma façon de jouer, et je sais qu'elle plaît infiniment aux femmes et aux artistes. »

Là dessus il part pour Prague, accompagné jusqu'à la diligence par tous les musiciens viennois dont il a en si peu de temps fait la conquête. Même Czerny est là, avec qui Chopin a joué plusieurs fois à deux pianos. Il le trouve « brave homme et plus sensible que ses compositions. » Il visite Prague, où il fait la connaissance du célèbre violoniste Pixis et d'Alexandre Klengel, auteur de 48 fugues qui passent pour être les plus belles depuis Bach. Klengel intéresse beaucoup Chopin et ils restent ensemble une demi-douzaine d'heures, au piano et en conversation. Frédéric repart ensuite pour Dresde en passant par Teplitz, ville d'eaux située sur la frontière de la Bohême et de la Saxe, où il passe la soirée dans le château du prince Clary.

Une petite, mais « honnête » compagnie s'y trouve réunie : les maîtres de maison, un général autrichien, un capitaine de vaisseau anglais, un général saxon tout chamarré de décorations, quelques jeunes gens et jeunes filles. Après le thé, la princesse demande à Chopin s'il « daignera » se mettre au piano. L'artiste répond qu'il « daigne » et sollicite un sujet d'improvisation. Le maître de musique du prince propose un thème du *Moïse*, de Rossini, et Chopin se lance dans des broderies si belles qu'il lui faut quatre fois encore se remettre au piano. On voudrait le retenir à Teplitz, mais il n'y consent pas. Une inquiétude, un peu d'agitation le poussent à poursuivre son voyage. Quelque chose le travaille en profondeur. Dresde ne l'intéresse qu'à peine. Il y reste peu de jours sans rien faire d'utile, repart pour Breslau et rentre enfin le 12 septembre à Varsovie.

Trois semaines après, il découvre sa maladie en écrivant une valse : « J'ai, peut-être pour mon malheur, trouvé mon idéal. Il y a déjà six mois que j'en rêve chaque nuit et je ne lui ai pas encore adressé la parole. C'est à son intention que j'ai composé l'*Adagio* de mon Concerto (en fa mineur, op. 21) aussi bien que la *Valse* (op. 70, n° 3) écrite ce matin même et que je t'envoie. Remarque le passage marqué d'une croix. Personne, toi excepté, n'en sait la signification. Que je serais heureux, mon bien-aimé, si je pouvais te la jouer. Dans la cinquième mesure du trio, la mélodie grave domine jusqu'au mi bémol d'en haut, en clé de sol. Je ne devrais pas te le dire, étant sûr que tu l'aurais senti de toi-même. »

Cette confidence s'adresse à Titus, l'ami cher entre tous parce qu'il est musicien comme lui, et Chopin trouve du premier coup les deux mots qui seront désormais les clés de toute sa vie : « malheur » et « idéal ». Ils donnent une atmosphère. Peut-être même ils la donnent trop. Mais s'ils ont perdu de leur prestige depuis, restituons-leur en esprit une valeur active de poésie. Dans cette Europe qui s'ouvrait au romantisme et respirait avec ferveur un vocabulaire trop magnifique, il y a la foi qui transporte et la candeur qui enfante les œuvres de l'amour et celles de l'histoire. Un mauvais temps, « un temps de fous et de folles », dit M. Charles Maurras. Il se peut. Mais un temps où les idées et les sentiments n'ont pas qu'une valeur rhétoricienne a pour l'art un prix élevé. Or, personne moins que Chopin ne s'est payé de mots. Ceux qu'il emploie traduisent exactement les accents de son piano. En écrivant que pour son malheur il découvrait l'idéal, sans doute ne pensait-il pas frapper si juste. Voici toutefois fixé le thème musical où des millions d'êtres vont découvrir grâce à lui tous les plaisirs du désespoir.

Dans ce malheur, dans cet idéal, il s'agit naturellement de Constance Gladkowska. Et il ajoute quelque temps après : « Tu ne peux imaginer combien Varsovie me semble triste. Si je ne me sentais heureux dans le cercle de ma famille, je n'y tiendrais pas ici. Oh ! qu'il est amer de n'avoir personne avec qui partager la tristesse et la joie. Oh ! qu'il est affreux, quand le cœur est oppressé, de ne pouvoir l'épancher ! Tu sais ce que je veux dire. Maintes fois je raconte à mon piano ce que je voudrais te confier à toi. »

Il écoute beaucoup de musique et reste très frappé par le dernier des trios de Beethoven. Jamais il n'a rien entendu de plus grand, dit-il. Il compose. Il va à l'Opéra. Mlle Gladkowska y débute dans *l'Agnès* de Paër et il admire son jeu, sa beauté, l'étendue de sa voix, « Elle phrase et nuance délicieusement. Sa voix, au début, tremblait légèrement, mais elle se remit bientôt de son trouble. On l'a couverte d'applaudissements. » Il fait sa connaissance, l'accompagne au piano, se sent mourir de tristesse et d'incertitude. Doit-il partir ? Faut-il rester ? Il se décide à accepter une invitation du prince Radziwill et va passer une semaine d'automne à Antonin. Il y est reçu en grand homme, fait de la musique avec le prince, qui est l'auteur d'une partition de *Faust*.

Deux Èves charmantes ornaient ce paradis, « je veux parler des deux jeunes princesses, aimables, musicales et tendres créatures. Quant à la princesse mère, elle sait que ce n'est pas la naissance qui fait la valeur de l'homme ». Les princesses le savent aussi et elles s'amusent à se faire donner des leçons par cet artiste à la peau de jeune fille. Wanda le laisse jouer avec ses doigts auxquels il faut apprendre une position correcte. Élise fait son portrait. « La princesse Wanda a un sentiment vrai de la musique. Point n'est besoin de lui répéter sans cesse : ici, crescendo ; là, piano... ici, plus lentement ; là, plus vite... J'ai dû lui promettre de lui envoyer ma *Polonaise en fa mineur*. » Il écrit une autre polonaise, pour piano et violoncelle. « C'est un brillant morceau à l'usage des dames. » Il n'oublie pas Constance, bien que la princesse Élise le ravisse. Mais il se reconnaît le pouvoir d'être charmé en toute pureté par deux êtres en même temps. Il n'oublie pas son cher Titus au cœur sauvage et silencieux. Dans un moment d'expansion il lui écrit : « J'aurais beau oindre mon corps des parfums les plus rares de Byzance, tu refuserais encore de m'embrasser si je ne savais t'y contraindre par une sorte d'attraction magnétique. Mais il y a dans la nature des forces secrètes... »

Rentré à Varsovie, il décide d'y donner un concert où Constance viendra. Elle ne saurait manquer de comprendre que c'est à elle qu'il dédie sa jeune gloire. Et en effet ce concert a lieu le 17 mars 1830, alors qu'il vient de toucher ses vingt ans. Cet événement suscite un intérêt extraordinaire. La salle est comble. Au programme, panaché comme c'est la mode, de la musique d'Elsner, de Kurpinski, un solo de cor de chasse, du chant. La part de Chopin comporte son *Concerto en fa mineur* et un Pot-pourri sur des airs nationaux. Mais l'effet produit n'est pas tel qu'il l'a espéré. Les connaisseurs seuls ont compris et apprécié l'originalité de l'artiste. Toutefois Constance, assise au premier rang, lui sourit et il se trouve payé.

Un second concert, à quelques jours du premier, réussit plus brillamment et le *Rondo à la Krakoviak* déchaîne l'enthousiasme. De toutes parts partent des cris : « Un troisième concert ! Un troisième concert ! » Cette fois il semble bien que la critique, la foule et les amateurs soient tous d'accord pour déclarer Chopin le pianiste et le compositeur le plus éminent de Pologne. Et pourtant les semaines s'écoulent sans lui apporter de véritables joies. Ses amours pour Titus et Constance le soutiennent et le travaillent. Il porte sur son cœur leurs lettres. C'est pour eux seuls qu'il compose et il lui semble que tant qu'ils n'ont pas entendu sa plus récente musique, elle ne vaut rien. « Le travail me presse. J'écris à force. Souvent je fais du jour la nuit et de la nuit le jour. Je vis dans un rêve et je dors pendant mes veilles. Oui, pis encore, c'est comme si je devais dormir toujours puisque je sens éternellement la même chose. Mais au lieu de puiser des forces dans cette somnolence, je me tourmente davantage et m'affaiblis encore. » Il travaille son *Adagio* en mi majeur, qui doit être « romantique, calme, mélancolique », et évoquer « quantité de souvenirs agréables. Cela doit être semblable à une rêverie pendant une nuit de printemps éclairée par la lune... Si c'est mauvais, qu'importe. Tu y reconnaîtras mon défaut de faire mal contre ma volonté. Mais cela vient de ce que quelque chose m'est entré par les yeux dans le cœur contre ma volonté aussi. Cela me presse, me tourmente, bien que je l'aime et le chérisse. »

Un peu d'imprévu lui est fourni par l'arrivée d'une cantatrice allemande célèbre, la Sontag, qui donne une série de six concerts. Le prince Radziwill lui présente Chopin, qui connaît un moment d'enthousiasme. Elle n'est pas belle, mais charmante au-delà de toute expression et enchante son monde. Frédéric est admis à l'honneur de la voir dans son peignoir du matin et il lui amène Constance. Mais le passage de la cantatrice à Varsovie n'est qu'un lumineux épisode et Chopin retombe ensuite dans ses incertitudes. Le départ lui apparaît de plus en plus nécessaire à son développement musical, et d'autre part la crainte de perdre son amour le paralyse. Le 4 septembre, il écrit à Titus :

« J'ai des accès de rage. Je ne bouge toujours pas. Je n'ai pas assez de force pour fixer le jour de mon départ. J'ai le pressentiment que si je quitte Varsovie, je ne reverrai plus jamais ma maison. Je m'imagine que je pars pour mourir. Ah ! quelle tristesse ce doit être de ne pas mourir où l'on a toujours vécu ! Que ce serait affreux pour moi de voir à mon lit de mort un médecin ou un domestique indifférents au lieu de tous les miens. Je voudrais passer quelques jours chez toi ; peut-être y retrouverais-je un peu de tranquillité. Mais, comme je ne le puis, je me borne à parcourir les rues, abîmé dans ma tristesse, et je rentre, mais pourquoi ? Pour y poursuivre mes chimères. L'homme est rarement heureux. S'il ne lui est destiné que de courtes heures de félicité, pourquoi renoncerait-il à ses illusions qui sont, elles aussi, fugitives ? »

Plus étrange encore est sa lettre du 18 septembre, où il fait ce singulier aveu : « Tu te trompes en croyant comme tant d'autres que mon cœur est pour quelque chose dans la prolongation de mon séjour ici. Sois sûr que je saurai me placer au-dessus de tout lorsqu'il s'agira de mon *moi*, et que, si j'aimais, je parviendrais à dominer pendant plusieurs années encore mes tristes et stériles ardeurs. Sois convaincu d'une chose, je t'en prie, c'est que moi aussi je me préoccupe de mon bien et que je suis prêt à tout sacrifier pour le monde. Pour le monde, j'entends : pour l'œil du monde ; pour que cette opinion publique qui a chez nous tant de poids, ne contribue pas à mon malheur. Non pas à cette souffrance intime que nous cachons au-dedans de nous-même, mais à ce que j'appellerai notre misère extérieure. Tant que je serai en bonne santé, je travaillerai volontiers toute ma vie. Dois-je travailler plus que mes forces ne me le permettent ? Si c'est nécessaire, je puis faire deux fois plus qu'aujourd'hui. Tu n'es pas maître de ce que tu penses, mais moi, je suis toujours maître de mes pensées. Rien ne me forcerait de les quitter comme se détachent les feuilles des arbres ; chez moi, même pendant l'hiver, il reste toujours de la verdure. Bien sûr, il ne s'agit que de la tête ! Dans le cœur, en revanche... pardieu ! la plus grande chaleur. Rien de surprenant que la végétation y soit luxuriante... Tes lettres reposent sur mon cœur, à côté du ruban (de Constance), car, bien qu'ils ne se connaissent pas, ces objets inanimés sentent pourtant qu'ils viennent de mains amies. »

En somme, cet irrésolu sent bien que le plus solide de sa nature est son instinct musical ; que cet instinct vaincra tout, ses désirs, son confort, sa paix ; que sa « souffrance intime », si elle est nécessaire, l'est pourtant moins que cette marche têtue vers tout un avenir de mélodie et de solitude.

En sortant de l'église, un jour, il aperçoit Constance. « Mes yeux ont surpris son regard. Alors je m'élançai dans la rue et il me fallut un quart d'heure pour revenir à moi. Je suis parfois si fou que c'en est effrayant. Mais de samedi en huit je partirai quoi qu'il arrive. Je mettrai ma musique dans ma valise, son ruban dans mon âme, mon âme sous mon bras, et en avant, dans la diligence ! »

Le 11 octobre enfin, il donne un dernier concert, auquel Mlle Gladkowska prête son concours. Frédéric joue une toute nouvelle œuvre qu'il vient d'achever, le *Concerto en mi mineur* et une *Fantaisie sur des airs polonais*. Vêtue de blanc et couronnée de roses, Mlle Gladkowska chante la cavatine de *La Dame du Lac*, de Rossini. « Tu connais le motif : *o quante lagrime per te versai*, écrit Chopin à Titus. Elle a dit le *tutto detesto* jusqu'au *si* grave d'une façon admirable. Zielinski déclarait que ce *si* à lui seul valait mille ducats. Après l'avoir reconduite de la scène, je jouai mon *Pot-pourri* sur le coucher de la lune. Cette fois du moins je me suis compris moi-même, l'orchestre s'est compris, et le parterre nous a compris... Maintenant il ne me reste plus qu'à boucler ma malle. Mon trousseau est prêt, mes partitions sont recopiées, mes mouchoirs ourlés, mon pantalon neuf essayé. » Qu'est-ce qu'il attend encore ? C'est comme une dernière chance que le destin lui offre. Il ne la saisira pas.

Le 1er novembre 1830 est la date fixée : il va partir pour Vienne. Dès le matin, toute une troupe se met en chemin. Elsner, les amis, des musiciens le conduisent jusqu'à Wola, le faubourg historique où jadis se faisaient les élections des rois. On banquette. On exécute une cantate composée par Elsner en son honneur. Ils chantent :

> *Que ton talent, né sur notre sol*
> *Éclate en tout et partout,*
> *Que tu sois sur les bords du Danube,*
> *Sur ceux de la Sprée, du Tibre ou de la Seine.*
> *Cultive les mœurs de tes parents*
> *Et, par les sons de ta musique,*
> *Nos mazurkas et nos Cracoviennes,*
> *Chante la gloire de ta patrie.*
> *Oui, tu réaliseras tes rêves.*
> *Sache toujours, Chopin, que par ton chant*
> *Tu donneras la gloire à ton pays.*

CHŒUR :

Ce n'est rien de quitter ton pays
Puisque ton âme reste parmi nous.
Nous formons des vœux pour ton bonheur
Et garderons dans nos cœurs ta mémoire.

Il est bien pâle, ce jeune prince lorsqu'on lui remet une coupe d'argent remplie de sa terre natale. Le voici même qui éclate en sanglots.

Quant à Constance, elle ne le revit plus. Deux ans après, elle épousa un gentilhomme campagnard. Puis, les yeux bleus que le poète avait aimés, par quelle étrange faveur du ciel se fermèrent-ils à la lumière ? Constance perdit la vue. Parfois, cependant, elle se mettait encore au piano et chantait la belle chanson : *Quante lagrime per te versai...* Quelqu'un qui la connut vers la fin de sa vie, racontait que « de ses yeux, restés limpides malgré leur cécité, » tombaient alors des pleurs.

CHAPITRE CINQ
SOLITUDES VIENNOISES ET RÉVOLUTION À VARSOVIE

Titus Woyciechowski rejoignit Chopin à Kalisz. Plus âgé que lui de quelques années, il était au physique et au moral tout l'opposé de Frédéric : un grand et fort garçon aux traits accusés, volontaires, à la parole rare, mais tout aussi passionné mélomane. Ses énormes mains, taillées pour manier l'épée de ses ancêtres, dès qu'elles se posaient sur les touches du piano devenaient d'une légèreté ailée. Le mince Frédéric aux yeux profonds, au teint d'enfant, conduisait pourtant à la laisse ce dogue puissant et soumis. Ils passèrent à Breslau, puis à Dresde, où toute une semaine s'évapora en visites, en soirées et au spectacle.

Muni de ses lettres d'introduction, Chopin alla présenter ses hommages à Mme Dobrzyçka, une Polonaise, grande maîtresse à la cour de la princesse Augusta. Cette dame occupait un appartement au château royal. Elle le reçut fort bien et l'invita à venir un soir chez elle, dans un petit cercle d'intimes. Chopin accepta, se doutant bien qu'il lui faudrait payer de son talent, mais il avait pour principe de ne jamais rien refuser à ses compatriotes. Au jour dit, il fit son entrée dans les salons de la grande maîtresse où se trouvaient réunies trois ou quatre personnes seulement : quelques dames et un homme d'une trentaine d'années, au visage rasé, qu'il prit pour un savant ou un abbé de cour. Mme Dobrzyçka le présenta à ses hôtes : « un de nos jeunes compatriotes, M. Frédéric Chopin, artiste du plus grand talent, qui ne se refusera pas à nous faire entendre une de ses mazurkas, échos de la patrie lointaine. » Chopin se mit au piano. Il se sentait en verve, la tête remplie de poésie, le cœur de souvenirs. Constance, ses sœurs, la vieille Varsovie flottaient devant ses yeux. Et de dix manières il les exprima avec cette grâce nonchalante, cette émotion nue dont personne avant lui n'avait fourni de modèle. On l'écouta dans un silence profond. Puis, la grande maîtresse se leva et vint lui dire, les larmes aux yeux : « Merci, vous avez fait passer une heure délicieuse à Leurs Altesses Royales. » S'inclinant alors en une révérence, elle lui désigna les deux dames et le monsieur rasé. C'étaient l'infante Augusta, sa belle-sœur, et le prince Jean, le futur roi de Saxe, qu'il avait pris pour un docteur en théologie. Ces personnes lui firent remettre le lendemain des lettres scellées à l'adresse de Leurs Majestés le Roi et la Reine des Deux-Siciles et de Son Altesse Sérénissime le Prince de Lucques, qui leur recommandaient « le sieur Frédéric Chopin, un artiste hors ligne auquel le plus brillant avenir est réservé. »

Sous ces heureux auspices, Frédéric et Titus arrivèrent vers la fin de novembre à Vienne. Ils se mirent en quête d'un appartement, et, moyennant 50 florins par mois, en louèrent un de trois pièces situé au Kohlmarkt.

Mais cette oublieuse capitale ne se souvient déjà plus de l'artiste qu'elle avait applaudi. Haslinger, l'éditeur, se refuse à acheter ses œuvres et Chopin ne consent pas à les donner gratis. « Il croit peut-être, dit-il, qu'en affectant de les traiter comme bagatelles je le prendrai au sérieux et que je les lui donnerai pour ses beaux yeux. Il se trompe. Ma devise sera : paye, animal. » Mais ces petits soucis s'effacent d'un coup lorsque les événements qui se déclenchent en Pologne commencent de filtrer dans les journaux. Le 29 novembre, en effet, l'insurrection avait éclaté à Varsovie. Ce vieux peuple réduit à l'esclavage tentait une fois de plus de recouvrer ses libertés. On apprit les nouvelles par bribes : le 29 novembre, dix-huit conjurés s'étaient dirigés vers le palais du Belvédère où résidait le grand-duc Constantin pour s'emparer de sa personne. Mais ils y arrivèrent trop tard, « L'oiseau s'était envolé » et, emmenant ses troupes russes, il s'éloignait déjà des murs de Varsovie. Libérée pour quelque temps, la ville entière se soulevait contre ses oppresseurs. Le lendemain, un gouvernement nouveau était nommé, la guerre de l'indépendance proclamée et des milliers de volontaires s'enrôlaient partout.

Dès ces premiers mouvements, Titus et Frédéric sont transportés d'enthousiasme. Titus s'équipe de pied en cap et, sans attendre davantage, il part pour rejoindre ses compagnons d'armes. Resté seul, Chopin se lamente sur son inaction ; mais que faire de ses mains trop fines, de son inutile talent ? Au hasard, sans but précis, il loue une chaise de poste et se lance sur les traces de Titus. Mais il ne parvient pas à le rejoindre et dans le sombre crépuscule d'hiver son ardeur guerrière lui apparaît subitement si vaine, qu'il fait faire demi-tour à son cocher et rentre à Vienne. Il y trouve une lettre de son père qui, devinant les sentiments de son fils, suppliait Frédéric de ne pas se laisser détourner de sa carrière. Que tant de sacrifices portent au moins leur fruit. Donc, Chopin restera. Mais l'épreuve est dure à soutenir dans cette Autriche de Metternich, toute hostile à la Pologne. Les artistes de sa connaissance l'évitent et il entend murmurer plus d'une fois sur son passage que la seule erreur du bon Dieu est d'avoir créé les Polonais. Son courrier ne lui parvient à présent qu'avec de longs retards et il vit dans l'angoisse. Il apprend la marche du général russe Paskewitch sur Varsovie. Déjà il voit la ville incendiée, ses parents et Constance massacrés. Il passe son temps à écrire, lui qui a une telle horreur pour le papier à lettres. « Il me semble que je rêve, que je suis encore au milieu de vous. Ces voix que j'entends et auxquelles mon oreille n'est pas accoutumée me font l'effet de crécelles... Vivre ou mourir, tout m'est égal aujourd'hui... Pourquoi suis-je abandonné ? Pourquoi ne suis-je pas avec vous, prenant ma part du danger ? » Et les fêtes de Noël ne sont qu'une aggravation de ce drame d'inquiétude. Dante eut raison de dire qu'un souvenir heureux est la pire misère dans les jours de malheur. Cette nuit de Noël, il se rend à l'église Saint-Étienne et là, debout dans la partie la plus sombre du dôme, appuyé contre une colonne gothique, il songe au sapin familial illuminé de bougies, aux modestes présents que ses sœurs et lui s'entr'offraient, au souper traditionnel, lorsque toute la famille, réunie autour de la table, rompt le pain bénit que les frères lais des couvents ont distribué pendant l'Avent.

Il passe les journées de fête en grande partie seul dans sa chambre, qu'il décrit ainsi : « Elle est grande et a trois fenêtres ; le lit est en face, mon merveilleux piano est à droite, le divan à gauche : entre les fenêtres une glace, et au milieu de la pièce une grande table d'acajou. Le plancher est ciré. Il fait calme. Tous les matins un domestique d'une insupportable bêtise me réveille. Je me lève, prends mon café et je le bois souvent froid car j'oublie de déjeuner en jouant. Vers 9 heures arrive mon professeur d'allemand. Ensuite je joue. Puis Hummel (le fils du compositeur) vient travailler à mon portrait pendant que Nidecki étudie mon concerto. Je reste en robe de chambre jusqu'à midi. À cette heure, un bon petit Allemand fait son entrée, Herr Leidenfrost, avec qui je fais une promenade sur les glacis. Puis je vais déjeuner où je suis invité, sinon à l'auberge *zur böhmischen Köchin,* qui est fréquentée par tous les étudiants de l'Université... Après cela je fais des visites, je rentre au crépuscule, je me coiffe, je me chausse et je vais à quelque soirée. Vers onze heures ou minuit — jamais plus tard — je rentre, joue, pleure, ris, lis, me couche, et rêve de vous. »

Dans cette même lettre à son ami Matuszynski, il écrit encore le jour de Noël (1830) :

« ... Je désirais ardemment recevoir ta lettre ; tu sais pourquoi. Quelles joies me causent les nouvelles de mon ange de paix. Que j'aimerais toucher toutes les cordes, non seulement celles qui évoquent des sentiments orageux, mais celles où sonnent les lieder dont l'écho à demi-éteint erre encore sur les rives du Danube... Mais je ne puis vivre comme je voudrais... Tu me conseilles de faire choix d'un poète. Ne sais-tu donc pas que je suis l'être le plus irrésolu de la terre, et qui n'a choisi avec bonheur qu'une seule fois en sa vie ? Tous les dîners, soirées, concerts, bals, m'ennuient. J'en ai par-dessus les oreilles. Je ne puis faire ce que je veux ; je dois m'habiller, me pomponner, me chausser, me coiffer et jouer l'homme tranquille dans les salons pour rentrer ensuite chez moi et tonner sur le piano. Je n'ai pas de confident, je dois faire le poli avec tout le monde. Pardonne ces plaintes, mon cher Jean, mais elles me calment et me donnent du soulagement. Un point de ta lettre m'a beaucoup assombri. S'est-il produit un changement ? A-t-on été malade ? Chez un être si sensible je le croirais volontiers... Rassure-la et dis-lui qu'aussi longtemps que mes forces y suffiront, jusque dans la mort, oui, jusqu'après la mort, mes cendres seront répandues sous ses pieds. Encore tout ceci est-il trop peu et tu peux lui en dire bien davantage. Je l'eusse fait moi-même, mais le monde, le qu'en dira-t-on ? Sois mon interprète auprès d'elle. Avant-hier, j'ai dîné chez une Mme Bayer, une Polonaise dont le nom est Constance. J'aime sa société à cause de cette réminiscence. Sa musique, ses mouchoirs, ses serviettes, sont marqués de *son* initiale. »

« 1er janvier 1831. J'ai reçu ta lettre. Je ne sais ce qui se passe en moi. Je vous aime tous plus que ma vie. Écris-moi. Tu es donc aux armées ? Nos pauvres parents ! Que font nos amis ? Je vis avec vous. Je voudrais mourir pour toi, pour vous tous. Si tu pars, comment pourras-tu remettre mon message ? Attention à mes parents. On pourrait supposer le mal… Comme l'année commence tristement pour moi. Peut-être ne la finirai-je pas. Embrasse-moi. Tu pars pour la guerre ? Reviens colonel. Ah ! que ne puis-je être au moins votre tambour ?

« Si tu penses que ce n'est pas nécessaire, ne lui remets pas mon billet. Je ne me souviens plus de ce que j'ai écrit. Tu peux le lire. C'est peut-être le premier et le dernier. »

Puis il note dans son petit carnet de poche : « Ce lit où je me couche, peut-être a-t-il déjà reçu un cadavre. Qui fut ce mort ? Était-il plus mauvais que moi ? Avait-il des parents, des sœurs, une amante ?… Il est à présent indifférent à tout. Sans doute mourir est-ce le meilleur des actes humains. Ou au contraire, est-ce de naître ?… » Enfin quelques lignes spasmodiques sur Constance : « M'aimait-elle ou jouait-elle son rôle ? Combien c'est difficile à deviner. Oui ou non ? Oui, non, oui, non ?… Oui, c'est sûr. Mais qu'il en soit selon sa volonté. »

Tel, Chopin se révèle tout entier, inquiet, solitaire, affreusement tendre. Toutes les peines sont en lui à l'état de bourgeons, et quelques joies simples. Mais *l'homme* ne progresse qu'avec une extrême lenteur. Le poète s'accroche à son enfance, qui l'a pourvu des difficultés dont il a besoin. Comme les femmes, il se réserve inconsciemment pour la souffrance et c'est par elle seulement qu'il deviendra adulte.

Toutefois les deux années écoulées depuis son premier feu pour

Constance Gladkowska ont déjà fourni des œuvres admirables. Ce n'est pas sans quelque orgueil que Chopin trie dans la masse de ses manuscrits des pages comme la *Valse* en ré bémol majeur (op. 70, n° 3), dont il signalait naguère à Titus un passage confidentiel ; les esquisses de ses *Études,* le premier de ses *Nocturnes* et les deux *Concertos* (en *mi mineur,* op. 11, et *fa mineur,* op. 21). Si, pour la construction, le squelette, ils doivent encore beaucoup à Hummel, pour la chair et le sang ils sont entièrement de Chopin. Les parties d'orchestre sont faibles, parce qu'il n'arrivait pas à *penser orchestralement,* mais celles du piano, d'une originalité et d'une poésie qui portent la marque éternelle. Liszt dira plus tard de l'adagio du *Second Concerto,* pour lequel Chopin avait une prédilection marquée, que tout ce morceau est « d'une idéale perfection », que « son sentiment tour à tour radieux et plein d'apitoiement ferait songer à un magnifique paysage inondé de lumière, à quelque fortunée vallée de Tempé qu'on aurait fixée pour être le lieu d'un récit lamentable, d'une scène poignante. On dirait un irréparable malheur accueillant le cœur humain en face d'une incomparable splendeur de la nature. » Il y a de la justesse dans ces mots un peu amples. Mais il est difficile de transposer dans le vocabulaire moyen ce qui échappe si brusquement à l'ordinaire et révèle au plus complexe de nos sens un univers nouveau.

Une analyse musicale est le plus vain des exercices de l'esprit puisqu'elle ne peut se construire que sur le sentiment. Voyez plutôt les salles de concert : elles sont pour la meilleure partie peuplées d'amants et de vieillards. C'est qu'ils comprennent, se souviennent, et recherchent ce puissant inexprimable où ils se retrouvent le mieux. Chopin lui-même ignorait encore ce qu'il donnait. Il était gêné par les cadres classiques. Mais il portait en lui la joie d'une connaissance grandissante, développée et macérée dans ses premières douleurs.

L'hiver se traîne comme il peut, et Chopin, avec un peu plus de plaisir qu'il ne l'avoue, va de soirée en soirée. Il laisse pousser ses favoris, ou plutôt : un favori ; l'autre n'est pas nécessaire, « car l'on ne montre au public que son côté droit ». Il a pris ses habitudes chez le Dr Malfatti, l'ancien médecin de Beethoven et de la cour, sybarite joyeux et bienfaisant qui habite une élégante villa entourée d'un jardin. Et voici que le printemps revient puisque les pêchers et les cerisiers du docteur se couvrent d'une neige blanche et rose. À la Saint-Jean, l'on y donne une fête au clair de lune. Devant les terrasses, dans l'air nuptial qui monte de l'orangerie chassé par les jets d'eau, Chopin joue, tandis que les Viennoises écoutent l'étranger aux yeux tristes qui paraphrase en couleurs sombres une joyeuse valse de Strauss.

Il va au concert, rencontre beaucoup d'artistes, mais, le violoniste Slavik excepté (autre Paganini qui tire 96 notes staccato d'un seul coup d'archet), personne ne lui paraît grand. Vienne ne lui offre rien à aimer. On ne joue partout que des valses, et, si l'on en rit, les éditeurs n'impriment pourtant pas autre chose. Il est souffrant et l'avoue à ses amis, mais il leur interdit d'en informer ses parents. Il projette un nouveau départ, fait établir son passeport sans savoir au juste s'il optera pour la France, l'Allemagne ou l'Angleterre. L'Italie l'attire aussi, mais il y a des révolutions à Bologne, Milan, Ancône, Rome. Irrésolu, il jouerait bien à pile ou face si ce n'était un peu tenter le sort. Il finit par se décider pour Londres et, à tout hasard, fait ajouter sur son passeport : « passant par Paris. » Le voilà rassuré et muni de quelques points de repère où accrocher son imagination. Il prépare son bagage, fait ses visites d'adieu et retient sa place dans la diligence pour le 20 juillet (1831).

Quelques jours avant de partir, une lettre lui parvient de son compatriote l'écrivain Witwicki, un ami de ses parents. Elle l'atteint à l'endroit le plus sensible. « ... Ayez toujours en vue la nationalité, la nationalité et encore une fois la nationalité. C'est un mot à peu près vide de sens pour un artiste ordinaire, mais non pour un talent comme le vôtre. Il y a une mélodie natale comme il y a un climat natal. Les montagnes, les forêts, les eaux et les prairies ont leur voix natale, intérieure, quoique chaque âme ne la saisisse pas... Chaque fois que j'y pense, cher monsieur Frédéric, je me berce de la douce espérance que vous serez le premier qui saurez puiser dans les vastes trésors de la mélodie slave... Cherchez les mélodies populaires slaves comme le minéralogiste cherche les pierres et les métaux dans les montagnes et les vallées... On m'a dit que là-bas vous vous ennuyez et que vous languissez. Je me mets à votre place : aucun Polonais ne peut être tranquille quand il y va de la vie ou de la mort de sa patrie.

Mais souvenez-vous toujours, cher ami, que vous êtes parti non pour languir, mais pour vous perfectionner dans votre art et devenir la consolation et la gloire de votre famille et de votre pays. »

Le 20 juillet, il monta en voiture et, par Salzbourg, gagna Munich où il séjourna plusieurs semaines. Puis il reprit sa route et arriva à Stuttgart. C'est là, le 8 septembre, qu'il apprit la prise de Varsovie par les Russes. Sous le choc de l'affreuse nouvelle, il se mit au piano et sa douleur éclata en une improvisation déchirante. Ce fut le premier jet de *l'Étude en ut mineur* (n° 12 de l'opus 10) qu'on appelle *La Révolution*. « Quel changement, quelle détresse !... Qui aurait pu le prévoir », écrira-t-il quelques semaines plus tard. On trouvera peut-être ces mots un peu faibles. Mais Chopin ne les aimait ni grands ni forts. L'émotion a toujours chez lui un accent modéré. Toutefois dans son carnet de poche il donne libre cours à ses imprécations : « Les faubourgs incendiés, Matuszinski et Titus tués sans doute !... Paskewitch et ce chien de Mohilew s'emparent de la bien-aimée ville. Moscou commande au monde ! Ô Dieu, où es-tu ? Es-tu là et ne te venges-tu pas ? N'es-tu pas rassasié des meurtres moscovites ? Ou bien — ou bien — n'es-tu toi-même, enfin, qu'un Moscovite ? »

Le jeune exilé se doutait bien peu qu'il allait être, selon une belle métaphore de Paderewski, le génial contrebandier qui, dans les feuillets de sa musique, ferait s'envoler par-dessus les frontières le polonisme prohibé ; le prêtre qui porterait aux Polonais dans la dispersion, le sacrement de la patrie.

CHAPITRE SIX
« JE NE SAIS S'IL Y A UNE VILLE SUR TERRE OÙ L'ON TROUVE PLUS DE PIANISTES QU'À PARIS. »

Quand la patache qui amenait Chopin eut franchi les barrières de Paris, le jeune musicien grimpa sur le siège, à côté du cocher. Il ne savait où porter les yeux, si sur les monuments ou sur une foule tellement dense qu'on pouvait croire à une nouvelle révolution. Ce n'était pourtant que la joie de revivre qui jetait cette multitude dans la rue et forçait les chevaux à prendre le pas. Le cocher s'y reconnaissait comme pas un parmi les vêtements symboliques de messieurs les bourgeois et il les désignait à son voyageur. Chaque parti politique arborait sa livrée. *L'École de Médecine* et les *Jeune France* se distinguaient par la barbe et les cravates. Les Carlistes avaient des gilets verts, les Républicains des gilets rouges, les Saint-Simoniens des gilets bleus. Beaucoup s'enorgueillissaient de longues redingotes dites « à la propriétaire » qui tombaient jusqu'aux talons. On voyait des artistes costumés en Raphaël, cheveux jusqu'aux épaules et bérets à larges bords. D'autres adoptaient le moyen-âge. Nombre de femmes s'habillaient en pages, en mousquetaires, en chasseurs. Et dans cette fourmilière les camelots brandissaient leurs brochures : « Demandez *l'Art de faire des amours et de les conserver* ; demandez *les Amours des prêtres* ; demandez *l'Archevêque de Paris et Mme la duchesse de Berry* ». Frédéric s'en trouva d'abord un peu scandalisé. Puis il fut tout agréablement surpris de voir défiler un groupe de jeunes gens qui criaient : Vive la Pologne ! « C'est en l'honneur du général Ramorino, cet Italien qui cherche à délivrer nos frères polonais de la botte russe », expliqua le cocher. Il fallut s'arrêter pour laisser passer le populaire. Puis l'on arriva devant les Postes, et Chopin descendit, fit charger son bagage sur un cabriolet et se rendit au bureau de logement où on lui indiqua deux chambres au quatrième étage, n° 27 du boulevard Poissonnière.

Il s'y trouve bien parce que ses fenêtres ont un balcon d'où il peut voir en enfilade les boulevards. La longue perspective d'arbres emprisonnés entre deux rangées de maisons l'étonne. « C'est là en bas, songe-t-il, que s'écrit l'histoire de France. » À peu de distance, dans la rue d'Enfer, M. de Chateaubriand rédige ses Mémoires et écrit lui aussi : « Que d'événements ont passé devant ma porte !... Mais après le procès de Louis XVI et les insurrections révolutionnaires, tout est petit en fait de jugement et d'insurrection. » Et dans le même temps, une de ces jeunes femmes habillées en bourgeois, compose dans sa mansarde des romans qu'elle signe du nom de George Sand et s'exclame : « Vivre, que c'est doux ! Que c'est bon, malgré les chagrins, les maris, l'ennui, les dettes, les parents, les cancans, malgré les poignantes douleurs et les fastidieuses tracasseries. Vivre, c'est enivrant ! Aimer, être aimé ! C'est le bonheur, c'est le Ciel ! »

Dès le lendemain de son arrivée, Frédéric se plonge dans la foule et s'enivre de solitude. Elle est plus totale ici qu'au fond des forêts d'Allemagne et l'artiste en éprouve tout ensemble les excitations et la crainte. Il se laisse aller au flot lorsque subitement celui-ci s'épaissit, s'organise, et Chopin se trouve emporté par une colonne compacte qui défile drapeau en tête pour acclamer Ramorino. Alors la peur le saisit vraiment, il se dégage, revient chez lui par des rues détournées, grimpe jusqu'à son balcon et assiste de haut à cette tempête d'enthousiasme. Les magasins se ferment, un escadron de hussards arrive au galop et balaye la populace qui siffle et conspue les soldats. Jusqu'au milieu de la nuit c'est un vacarme qui sent l'émeute. Et Chopin d'écrire à Titus : « Je ne puis te dire l'impression désagréable que m'ont produite les voix horribles de cette cohue mécontente. »

Décidément il n'aime pas le bruit, ni la foule ; la politique n'est pas son fait.

Musique, musique, seule évasion possible puisque seule méthode de penser par les sentiments. « Ici seulement on peut apprendre ce qu'est le chant. À l'exception de Pasta, je crois qu'il n'y a pas de plus grande cantatrice en Europe que Malibran-Garcia. » Il passe ses soirées à l'Académie Royale ou à l'Opéra Italien. Véron dirige l'Académie où Habeneck conduit l'orchestre. Aux Italiens, c'est Rossini et Zamboni. Il entend Lablache et la Malibran dans le *Barbier de Séville*, puis *Othello, l'Italienne à Alger*. Et, pressé par son plaisir, il écrit de nouveau à Titus : « Tu ne peux te faire une idée de Lablache. Certains disent que la voix de Pasta s'affaiblit, mais je n'ai entendu de ma vie une voix aussi divine. Malibran parcourt une étendue de trois octaves ; dans son genre, son chant est unique, enchanteur. Elle personnifie Othello, la Schrœder-Devrient, Desdémone. Malibran est petite, l'Allemande plus grande. On croit parfois que Desdémone va étrangler Othello. »

Chopin avait une lettre d'introduction pour Paër, qui le mit en rapport avec Chérubini, Rossini, et le pianiste alors fameux par-dessus tous les autres : Kalkbrenner. Le cœur battant, Chopin alla trouver chez lui ce maître incontesté. C'était un grand homme froid et compassé, aux allures de diplomate, au regard instable. Il se donnait des airs de gentilhomme, était sans doute trop poli, en tous cas fort pédant. Marmontel dit de lui que son jeu était lié, soutenu, harmonieux, d'une égalité parfaite et charmait plus qu'il n'étonnait ; que sa main gauche était d'une bravoure sans pareille et qu'il jouait sans nulle agitation de la tête ni du corps dans un style noble et de la grande école. « Un géant, dit Chopin, il écrase tout le monde, et moi avec. » Le jeune artiste admire surtout en Kalkbrenner le puriste, l'homme qui, au piano, parle la langue de Cicéron.

Le maître et l'inconnu exécutent l'un devant l'autre plusieurs morceaux. Quand Chopin a achevé son concerto en mi mineur, Kalkbrenner lui dit : « Vous avez le style de Cramer et le toucher de Field », ce qui est sans doute le plus beau compliment qu'il puisse trouver. Et flairant dans ce disciple inattendu le grand homme de demain, il lui explique ses fautes, fait ressortir son absence de méthode, donne même des coups de crayon dans le concerto. Il essaye de le déchiffrer. Mais s'il y parvient pour la première partie, il est arrêté dès le début de la seconde par des difficultés insurmontables, car la technique en est absolument nouvelle. Nonobstant, il affirme avec aplomb que seules trois années d'étude sous sa direction feront de Chopin un nouveau chef d'école. Frédéric se trouble. Trois ans d'études encore ! Qu'en dira sa famille ? « Cependant je m'y soumettrai, pense-t-il, pourvu que je sois sûr de faire un grand pas en avant. » Mais, rentré chez lui, le doute le quitte : « Non, je ne serai jamais une copie de Kalkbrenner... Non, il ne détruira pas en moi cette aspiration, audacieuse, j'en conviens, mais noble, *de me créer un monde nouveau.* » Un quart de siècle avant Wagner, c'est, chez ce jeune homme de vingt ans, la certitude d'une même destinée.

Sachons gré à M. Nicolas Chopin d'avoir soutenu la confiance de son fils. « Mais mon bon ami, lui écrit-il, je ne conçois pas comment avec tes capacités, qu'il (Kalkbrenner) dit avoir remarquées, il pense qu'il faille encore trois ans de travail sous ses yeux pour faire de toi un artiste et te donner une école. Tu sais que j'ai fait tout ce qui a dépendu de moi pour seconder tes dispositions et développer ton talent, que je ne t'ai contrarié en rien. Tu sais aussi que le mécanisme du jeu t'a pris peu de temps et que ton esprit s'est plus occupé que tes doigts. Si d'autres ont passé des journées entières à faire mouvoir un clavier, tu y as rarement passé une heure entière à exécuter les ouvrages des autres... Le génie peut se faire remarquer au premier abord par les connaisseurs, mais ils n'en voient pas le point d'élévation. »

Plus remarquable encore est la lettre de sa sœur Louise, laquelle a couru voir Elsner pour lui soumettre l'embarras où se trouve plongée sa famille. Et le vieux maître, comme la jeune sœur, a bientôt dépisté dans la proposition du virtuose un calcul intéressé. Alors ils le disent, eux qui ont le cœur net, eux qui ont la foi. « Elsner n'a pas été content. Il s'est écrié : « Voilà déjà de l'envie, trois années ! » et il a hoché la tête. Puis il ajouta : « Je connais Frédéric, il est bon, mais il n'a pas d'amour-propre, aucune envie de progrès ; on le domine aisément. Je lui écrirai comment je comprends tout cela. » En effet, ce matin il a apporté une lettre que je t'envoie et il a continué à parler avec nous de cette affaire. Nous qui jugeons les hommes dans la simplicité de notre cœur, nous pensions que Kalkbrenner était l'homme du monde le plus honnête ; mais Elsner n'a pas été tout à fait de cet avis. Il disait : « Ils ont reconnu en Frédéric un génie et ils craignent d'être déjà devancés par lui. C'est pourquoi ils veulent le tenir trois années dans leurs mains afin d'arrêter ce que la nature ferait pousser d'elle-même. » Elsner ne veut pas que tu imites et il s'exprime bien en disant : « Toute imitation ne vaut pas l'original. » Dès que tu imiteras, tu cesseras d'être original, et, quoique tu sois jeune, tes conceptions peuvent être meilleures que celles de beaucoup d'autres… Puis, M. Elsner ne veut pas seulement voir en toi un concertant, un virtuose célèbre, ce qui est plus facile et de moindre valeur, mais il veut te voir atteindre le but vers quoi la nature te pousse et pour lequel elle t'a formé. Ce qui l'irritait extrêmement, c'était, comme il dit, cette hardiesse et cette arrogance de se faire donner un crayon après avoir parcouru la partition pour en effacer des passages sans avoir jamais entendu le concerto avec tout son effet d'orchestre. Il dit que c'eût été tout autre chose s'il t'avait conseillé, quand tu écrirais un concerto, d'en faire l'allegro plus court ; mais de te forcer à effacer ce qui était écrit, c'est ce qu'il ne peut lui pardonner. Elsner a comparé cela à une maison déjà construite à laquelle on veut supprimer une colonne qui paraissait superflue, et on change tout en détruisant ce qu'on croyait mauvais. Je pense que Elsner a raison quand il affirme que pour être supérieur, il faut dépasser non seulement ses maîtres, mais aussi ses contemporains. On peut bien les dépasser en les imitant, mais alors c'est suivre leurs traces. Et il affirme que toi, qui sens maintenant ce qui est bon et ce qui est meilleur, tu dois te frayer toi-même ta voie. Ton génie te guidera. Encore une chose, a-t-il dit. « Frédéric a tiré de son sol natal cette particularité : le rythme — comment bien dire ? — qui le rend d'autant plus original et plus caractéristique que ses pensées sont plus nobles. » Il voudrait que cela te restât. Nous ne comprenons pas toutes ces choses comme toi, mon cher petit Fritz, et nous ne donnons aucun conseil ; nous t'envoyons simplement nos remarques. »

    Elle est belle, cette lettre. Elle est sans littérature, mais elle atteint le fond. Frédéric en suivit les conseils et préféra rester lui-même, fût-ce aux dépens d'un succès rapide. Au demeurant, Kalkbrenner sut ne se point fâcher de voir que cet élève d'élite ne s'était pas laissé convaincre. Leur amitié persista. C'est même Kalkbrenner qui le présenta aux directeurs de la fameuse maison Pleyel. Chopin se lia avec d'autres artistes, en particulier avec Hiller, pianiste, compositeur, musicographe, et Franchomme, le violoncelliste célèbre, qui tous deux l'aidèrent à organiser son concert de début.

Il eut lieu le 26 février de 1832, dans les salons Pleyel. Frédéric l'avait préparé avec un soin minutieux, parmi des difficultés sans cesse renaissantes. On avait recruté pour la circonstance cinq violonistes (dont Urhan, l'ami de Liszt, et Baillot) qui devaient jouer le Quintette de Beethoven ; Mlles Tomeoni et Isambert pour le chant ; Kalkbrenner, Stamati, Hiller, Osborne, Sowinski et Chopin allaient exécuter une *Grande Polonaise* à six pianos composée par Kalkbrenner en personne ; puis Chopin jouerait son *Concerto en fa mineur* et ses *Variations* sur le *la ci darem* de Mozart. La *Grande Polonaise* à six pianos l'inquiétait. « N'est-ce pas une folle idée ? écrit-il à Titus. Un des pianos à queue est très grand, c'est celui de Kalkbrenner ; l'autre est petit, c'est le mien. » Il n'aimait pas l'ostentation. Du reste, les concerts devant le grand public lui étaient toujours odieux. Aussi, ce soir du 26 février, vit-on arriver sur l'estrade un jeune homme fort pâle dont l'attitude trahissait, bien plutôt qu'une théâtrale inspiration, un très sincère ennui. La salle n'était qu'à demi-garnie et comptait surtout des Polonais, des critiques et des musiciens. On pouvait voir, au premier rang, le beau visage régulier de Liszt. Il se fit un étonnant silence quand Chopin eut glissé sur le clavier ses premières caresses.

Du piano s'éleva alors une voix que personne, jamais, n'avait entendue. Pourtant chacun y percevait le cri de son moi le plus intérieur. Ce n'était ni l'anecdote, ni le commentaire brillant, mais le simple chant de la vie, mais la confidence authentique, mais le mot essentiel d'un cœur. À force de justesse délicate — qui est la force des purs — Chopin transporta ces connaisseurs. Liszt lui-même, dont « les applaudissements les plus redoublés ne suffisaient pas à exprimer l'enthousiasme », y vit la révélation d'une « nouvelle phase dans le sentiment poétique à côté d'heureuses innovations dans la forme de l'art ». Il lui donna dès ce soir-là son amitié chaleureuse. Fétis, le critique acerbe, mais écouté, déclara : « Voici un jeune homme qui, s'abandonnant à ses impressions naturelles et ne prenant point de modèle, a trouvé sinon un renouvellement complet de la musique de piano, au moins une partie de ce qu'on cherche en vain depuis longtemps : une abondance d'idées originales dont le type ne se trouve nulle part. »

Chopin accepta ces éloges sans orgueil comme sans fausse modestie, car toute vanité lui faisait totalement défaut. On fit les comptes de la recette : elle suffisait à peine à couvrir les frais. Mais cela n'était rien en comparaison d'une autre déception : le public français n'était pas venu. Le but que l'artiste poursuivait se trouvait donc manqué. Lorsque, vers minuit, il rentra dans sa chambre, Chopin s'imagina que le destin avait prononcé contre lui un arrêt défavorable et il fit le projet de partir pour l'Amérique.

Il ne possédait presque plus d'argent. Ses relations demeuraient peu nombreuses, se bornaient à un petit nombre d'artistes et de compatriotes. Ah ! que Meyerbeer était heureux, lui qui venait de faire jouer son *Robert le Diable*, mine d'or et de gloire ! Il se confie à Titus :

« Le sort m'a conduit ici. On y respire doucement, il est vrai. Mais peut-être y soupire-t-on davantage aussi. Paris est tout ce que tu voudrais qu'il fût. Tu peux t'y divertir, t'y ennuyer, y rire, y pleurer, y faire ce que bon te semble sans que personne te gratifie d'un regard. Chacun suit tout uniment son chemin. Je ne sais s'il y a une ville sur terre où l'on trouve plus de pianistes qu'à Paris, mais où il y ait aussi plus d'ânes bâtés et de virtuoses. Ah, comme je voudrais t'avoir auprès de moi. Si tu savais comme c'est triste de ne pouvoir soulager son âme. J'aime bien le commerce des hommes. J'entre facilement en relations, aussi ai-je des relations par-dessus les oreilles ; mais il n'y a personne, personne qui puisse me comprendre. Mon cœur bat pour ainsi dire toujours en syncopes, et je m'en plains, et je voudrais une pause — la solitude — et que durant tout le jour nul être ne me vît ni ne m'adressât la parole. Je déteste surtout entendre tinter ma sonnette quand je t'écris. »

Cependant elle tintait beaucoup, cette sonnette, et précisément tirée par le pire des fâcheux, l'assommant, le terrible, le ridicule Sowinski. « Il entre justement chez moi. C'est quelque chose de grand, de fort, qui porte de petites moustaches ; cela s'assied au piano et improvise sans savoir pourquoi. Cela cogne, frappe, croise les mains sans rime ni raison ; cela démolit pendant cinq minutes une touche qui n'en peut mais. Cela a d'énormes doigts faits plutôt pour manier les guides et le fouet quelque part sur les confins de l'Ukraine. Il n'a d'autres mérites que d'avoir de petites moustaches et un bon cœur. — Quand nous reverrons-nous ? Peut-être jamais, car je t'assure que ma santé est misérable. Extérieurement je suis gai, mais intérieurement je suis mordu. Sombres pressentiments, agitations, insomnie, nostalgie, indifférence envers tout. Plaisir de vivre et, tout de suite après, le désir de la mort... »

D'autres amis vont et viennent autour du petit appartement de Chopin : Albert Grzymala, le comte Plater, Liszt, Berlioz qui arrive de Rome et a de grands projets, des réfugiés polonais. Mais d'argent, tous ces jeunes gens n'en ont guère et Frédéric, malgré les « petits renforts » que lui envoie son père, voit s'épuiser ses ressources.

Quant à l'amour, c'est un luxe auquel il ne faut pas songer. Le souvenir de Constance s'efface depuis qu'Isabelle a annoncé à son frère le mariage de l'infidèle : « Je m'étonne avec toi qu'on puisse être aussi insensible. On voit qu'un beau château était une plus grande attraction. Ah ! du sentiment il n'y en avait que dans son chant ! » Mais la chasteté est naturelle au pauvre, et le plaisir est un mot que Chopin ne comprend même pas.

Cependant une femme jolie et fraîche habite au-dessous de chez lui. Ils se rencontrent dans l'escalier, se sourient, s'adressent quelquefois la parole. Elle entendait de sa chambre les accords passionnés qu'inventait — pour qui ? — ce bel ange masculin. Elle lui dit une fois :

— Venez donc chez moi, un soir. Je suis si souvent seule et j'adore la musique.

Mais il refuse en rougissant. Et pourtant un regret lui échappe devant son papier, dans sa chambre humide : « J'y aurais trouvé une cheminée, un feu. Il ferait bon s'y chauffer. »

CHAPITRE SEPT
ANNÉES HEUREUSES, ANNÉES TRAVAILLEUSES

« Demain, écrivait-il à ses parents, demain je traverserai les mers. » Il traversa les boulevards et rencontra le prince Valentin Radziwill.
Cette famille Radziwill semble avoir eu sur la vie de Chopin une influence particulière. Quels beaux rapprochements on pourrait faire en comparant cette rencontre à telle autre où un pape, un roi, un grand seigneur ou quelque fermier-général, modifièrent en un instant la fortune d'un artiste apparemment condamné à l'avortement de son génie. Il semble qu'il y ait entre l'art et l'opulence de secrètes et inconscientes fécondations. François Ier ne nous paraît jamais mieux inspiré qu'en payant les dettes de Clément Marot ou en accueillant le Vinci sur les terrasses d'Amboise, ni Jules II plus sympathique qu'en grimpant aux échafaudages de Michel-Ange, ni Élisabeth d'Angleterre plus intelligente qu'en commandant à Shakespeare *les Joyeuses Commères de Windsor,* et l'on ne se souvient du surintendant Fouquet que parce qu'il pensionna La Fontaine. S'ils avaient eux-mêmes dicté leurs biographies, sans doute ces princes n'eussent-ils pas mentionné de si médiocres gestes. Tout de même, ce Radziwill n'imaginait pas ajouter à sa vie une ligne de mérite lorsque, rencontrant sur les boulevards ce compatriote pitoyable, il

proposa de l'emmener le soir même chez le baron de Rothschild. C'est pourtant de cette offre négligente que date la gloire de Chopin.

Le baron recevait la société la plus délicate. On demande à Chopin de jouer et il s'exécute de bonne grâce. En un instant il conquiert cette foule élégante et, dès le lendemain, est bombardé d'invitations et de demandes de leçons. La maréchale Lannes, la princesse de Vaudemont, le comte Apponyi, le prince Adam Czartoryski s'instituent ses protecteurs. Les leçons qu'il donne ne coûtent pas moins de vingt francs l'heure. Il change deux fois de logis et s'installe enfin au n° 5 de la Chaussée d'Antin. On commence à parler un peu partout de ce poète qui, la nuit, dans les rares salons où il consent à jouer, peuple l'obscurité d'une assemblée de fées. Il appelait ça « conter de petites histoires musicales ». C'étaient des récits variés à l'infini, car c'est en improvisant surtout qu'il montrait ses hardiesses. L'inachevé de ces esquisses ouvrait dans l'imagination des avenues où l'esprit allait se perdre. Chopin possédait à un haut degré ce pouvoir de suggérer, qui est le don le plus précieux de l'artiste. Il conversait avec lui-même, ne concluait point, et laissait à ses auditeurs le plaisir d'avoir pendant un instant vêtu de notes des formes et des sentiments qui s'éparpillaient ensuite dans le néant. « Divines chatteries », faisait Berlioz en les écoutant. « Vapeur amoureuse, roses d'hiver, » disait Liszt. « Par la porte merveilleuse, ajoutait-il, Chopin faisait entrer dans un monde où tout est miracle charmant, surprise folle, miracle réalisé. Mais il fallait être initié pour savoir comment on en franchit le seuil. » Et Frédéric confiait une fois à son ami Franz :

— Je ne suis point propre à donner des concerts. La foule m'intimide ; je me sens asphyxié par ces haleines précipitées, paralysé par ces regards curieux, muet devant ces visages étrangers. Mais toi, tu y es destiné, car quand tu ne gagnes pas ton public, tu as de quoi l'assommer.

Chopin, lui, n'en aurait pas eu la force. Il ne cherchait jamais qu'à le gagner. Et encore, est-ce bien là ce qu'il voulait ? Le public lui importait si peu. C'est son propre mal qu'il chantait et enchantait. Il n'aimait pas à s'exprimer par le moyen des autres, et, Bach, Beethoven et Mozart exceptés, n'interprétait que lui-même.

Pour Chopin, comme plus tard pour Wagner, le superflu était le seul nécessaire. L'argent, qui lui venait maintenant en certaine abondance, se dépensait en jouissances poétiques : un joli cabriolet, des vêtements d'excellente coupe, des gants blancs, des soupers chers. Il soignait l'ameublement de son intérieur, y mettait des lustres en cristal, des tapis, de l'argenterie, voulait qu'en toutes saisons il fût pourvu de fleurs. Et lorsqu'y venaient ses nouvelles amies : la comtesse Delphine Poloçka. la princesse Marceline Czartoryska. Mlle O'Meara, la princesse de Beauvau, la règle était qu'elles apportassent une rose ou des orchidées que l'artiste mettait tremper dans un vase et qu'il contemplait sans fin, comme un Japonais s'enivre d'une estampe unique.

Années heureuses, années travailleuses. Chopin compose une partie solide de son œuvre. En 1833 il publie cinq *Mazurkas*, le *Trio* pour piano, violon et violoncelle, trois *Nocturnes*, les douze grandes *Études* dédiées à Liszt, le *Concerto en mi mineur*. En 1834, la *Grande Fantaisie* sur des airs polonais, la *Krakowiak* pour piano et orchestre, trois autres *Nocturnes*, le *Rondeau en mi bémol majeur* dédié à Caroline Hartmann, quatre nouvelles *Mazurkas*, la *Grande Valse en mi bémol majeur*. Ses œuvres sont jouées dans beaucoup de concerts par les plus célèbres virtuoses : Liszt, Moschelès, Field, Kalkbrenner et Clara Wieck. Field disait de lui : « un talent de chambre de malade », et Auber : « il se meurt toute sa vie ». Car Chopin, malgré ses succès, reste tout blessé de nostalgies, et un jour que son élève et ami Gutmann jouait la troisième *Étude* en mi majeur, Chopin, qui disait n'avoir jamais écrit de plus belle mélodie, s'écria brusquement : « Oh, ma patrie ! » Vraiment, pour ce jeune homme de vingt-quatre ans, la terre natale est toujours la plus forte passion. Il incorpore une douleur dantesque dans ce nom de Pologne, plus puissant sur son cœur que l'appel d'une maîtresse. Et il faut que le mal ait été bien profond pour qu'Orlowski, en écrivant aux siens, en prenne note comme d'une maladie consomptive. « Chopin est bien portant et vigoureux, dit-il. Il tourne la tête à toutes les femmes. Les hommes en sont jaloux. Il est à la mode. Sans doute porterons-nous bientôt des gants à la Chopin. Mais le regret du pays le consume. » C'est que la Pologne restait sa source vive, la nappe où il puisait images et sentiments, le seul rythme efficace, en somme le moteur de ses énergies. L'inspiration est un hasard saisi au vol. Mais l'art ne s'y trouve pas caché comme la colombe dans le chapeau du prestidigitateur. Peut-être n'est-il qu'une parfaite connaissance de soi, la vue exacte de ses limites, et les modulations qu'enseigne la vie à nos élans de jeunesse. Le marquis de Custine écrivait à Chopin : « Quand je vous écoute je me crois toujours seul avec vous, et peut-être avec mieux que vous encore ! ou du moins avec ce qu'il y a de mieux en vous. »

Au printemps de l'année 34, Chopin et son ami Hiller se rendent ensemble au festival de musique d'Aix-la-Chapelle. Ils y trouvent Mendelssohn, qui se prend d'affection pour le Polonais et ne se lasse pas de l'entendre jouer. Il le déclare le premier des pianistes, toutefois lui reproche, aussi bien qu'à Hiller, cette manie parisienne de poser pour des désespérés. « Moi, j'ai tout l'air d'un magister, dit-il, eux ressemblent aux mirliflores et aux incroyables. »

Par Düsseldorf et Cologne ils rentrent à Paris où Chopin a le bonheur de revoir et d'héberger son ami Matuszinski, lequel vient d'être nommé professeur à l'École de Médecine. Ce temps est celui de la plus grande sérénité puisqu'à sa gloire discrète Chopin peut ajouter la joie d'un commerce quotidien avec l'un de ses « frères ». Plus qu'à l'ordinaire il se dépense, reçoit chez lui, joue en public. Le 7 décembre, au Théâtre Italien, il paraît dans un concert organisé par Berlioz au bénéfice d'Henriette Smithson, l'actrice anglaise qu'il vient d'épouser. Le jour de Noël, à la Salle Pleyel, il exécute à deux pianos avec Liszt un duo de celui-ci sur un thème de Mendelssohn. Le 15 février 35 il participe à un concert chez Érard et, le 4 avril, joue au profit des réfugiés polonais. Berlioz écrit dans *le Rénovateur* : « Chopin, comme exécutant et comme compositeur, est un artiste à part, il n'a pas un point de ressemblance avec un autre musicien de ma connaissance. — Malheureusement, il n'y a guère que Chopin lui-même qui puisse jouer sa musique et lui donner ce tour original, cet imprévu qui est un de ses charmes principaux ; son exécution est marbrée de mille nuances de mouvement dont il a seul le secret et qu'on ne pourrait indiquer... Il y a des détails incroyables dans ses mazurkas ; encore a-t-il trouvé de les rendre doublement intéressantes en les exécutant avec le dernier degré de douceur, au superlatif du *piano*, les marteaux effleurant les cordes, tellement qu'on est tenté de s'approcher de l'instrument et de prêter l'oreille comme on ferait à un concert de sylphes et de follets. »

Mais la foule donne toujours la palme au brillant et Chopin, jugeant qu'elle n'avait pas réservé l'accueil qu'il en attendait à son *Concerto en mi mineur*, déclare qu'il n'est ni compris ni fait pour les concerts et décide de s'abstenir pendant longtemps de paraître sur l'estrade. Pourtant il joua une fois encore en public, le 26 avril de 1835, au Conservatoire. C'est l'unique fois qu'il parut dans cette illustre salle. Il y exécuta sa *Polonaise brillante, précédée d'un Andante Spianato*.

Il trouvait compensation à ces petits déboires professionnels dans l'amitié de l'italien Bellini, vers qui une vive sympathie le poussait, et qu'il voyait souvent. Puis dans son inclination pour une beauté célèbre : la comtesse Delphine Potoçka.

Elle avait vingt-cinq ans, un port majestueux, un nez au contour délicat, la bouche la plus passionnée, le front haut et soucieux des vraies voluptueuses. Toute l'allure évoquait une déesse élancée et puissante, mais ce qu'il y avait en elle de luxurieux était amorti par le sérieux du regard. Miçkiewicz disait qu'elle était « la plus grande des pécheresses » et Krasinski l'interpellait dans un poème comme faisait Méphisto : « ô toi, reste, car tu es la vraie beauté ». Frédéric se laissa flotter dans le rayonnement sensuel de ce bel animal d'amour. Pour la première fois, la tête lui tournait. La voix somptueuse de Delphine l'enchantait. Il l'accompagnait au piano, s'évertuait à faire renaître l'âme, à lui rendre sa fleur, guettait de belles vibrations possibles ; mais l'âme était serve dans cette chair impériale. Quelquefois pourtant, elle semblait sortir de léthargie, s'éployait dans une note admirable jaillie du fond le plus inconscient d'elle-même ; mais aussitôt après, les cris, les rires, les exigences de cette hystérique ravissante éteignaient ces lueurs. Et comme l'amour platonique vers lequel Chopin voulait la diriger semblait à Delphine comique et impossible, elle se donna avant qu'il eût songé à le lui demander.

L'aventure dura peu. La comtesse avait un mari jaloux. Il emmena sa femme en Pologne, d'où elle revint seulement plus tard. Mais elle garda toujours à Chopin une affection sincère. Les seules lignes d'elle à l'artiste qui se soient retrouvées en fournissent un témoignage discret.

« Je ne t'ennuierai pas par une longue lettre, mais je ne veux pas rester plus longtemps sans nouvelles de ta santé et de tes projets d'avenir. Je suis triste de te sentir abandonné et solitaire... Ici mon temps se passe de façon ennuyeuse et je souhaite de n'avoir pas plus de désagréments encore. Mais j'en ai assez. Toutes les personnes à qui j'ai fait du bien m'ont payée d'ingratitude. Au total, la vie n'est qu'une immense dissonance. Dieu te bénisse, cher Chopin. Au revoir. »

Une immense dissonance, ainsi déjà parlait Liszt. Il y a dans ces chairs tourmentées un invincible essor vers de plus suaves harmonies. Tout au moins dans ces êtres — mâles ou femelles — en qui le féminin l'emporte. Mais tel n'est pas le cas de Chopin, dont le travail musical est toujours viril. Il eût souscrit à cette parole de Beethoven : « l'émotion n'est bonne que pour les femmes ; pour l'homme, il faut que la musique lui tire du feu de l'esprit. » Et plus encore, peut-être, à celle-ci, citée par Schumann d'après le poète Jean-Paul Richter : « L'Amour et l'Amitié passent sur cette terre un voile au front et les lèvres closes. Aucun être humain ne peut dire à un autre comment il l'aime ; il sent seulement qu'il l'aime. L'homme intérieur n'a pas de langage : il est muet. »

CHAPITRE HUIT
MARIE WODZINSKA ET LE CRÉPUSCULE

Dans l'été de 1835, Chopin apprit que ses parents iraient incessamment faire une cure à Carlsbad et il décida sur-le-champ de les y devancer. Les sentiments qui l'attachaient aux siens restaient les plus vifs qu'il connut. Il partit donc, le cœur fendu de tendresse. Et lorsqu'il les retrouva, après cinq ans d'absence, il écrivit à ses sœurs, demeurées à Varsovie, avec des transports que l'on croirait ceux d'un amant comblé.

« Notre joie est indescriptible. Nous ne faisons que nous embrasser, — y a-t-il un plus grand bonheur ? Quel dommage que nous ne soyons pas tous ensemble. Comme Dieu est bon pour nous ! J'écris sans ordre : il vaut mieux aujourd'hui ne penser à rien du tout, jouir du bonheur que nous avons atteint. C'est l'unique chose que j'aie aujourd'hui. Nos parents n'ont pas changé ; toujours les mêmes ; ils ont seulement un peu vieilli. Nous nous promenons, nous conduisons par le bras Madame petite mère. Nous buvons, nous mangeons ensemble, nous nous cajolons, nous nous rudoyons. Je suis au comble de mon bonheur. Ce sont les mêmes habitudes, les mêmes mouvements avec lesquels j'ai grandi, c'est la même main que depuis si longtemps je n'avais pas baisée... Et voilà qu'il est réalisé ce bonheur, ce bonheur, ce bonheur ! »

De leur côté, le père et la mère ne trouvent leur fils nullement changé. C'est une joie inépuisable, mais brève, et comme une préface à des émotions plus profondes. Car Frédéric est invité à Dresde, chez ses amis Wodzinski, et il sent déjà ces tressaillements annonciateurs, cette peur exquise, ces pressentiments physiologiques qui informent notre être intérieur des conceptions imminentes de l'amour.

Chopin avait eu pour camarades, dans la pension de son père, les trois frères Wodzinski et il connaissait depuis l'enfance leur jeune sœur Marie. Cette famille de grands propriétaires terriens s'était transportée à Genève pour l'éducation de ses enfants, et elle y avait vécu pendant les années de la révolution polonaise. Elle s'était installée d'abord dans une maison de la place Saint-Antoine, puis dans une villa au bord du lac, et n'avait pas tardé à grouper autour d'elle la fleur de la société genevoise et de la colonie étrangère. On trouvait familièrement dans ses salons : Bonstetten, Sismondi, Mlle Saladin de Crans, le prince Louis Napoléon et la reine Hortense.

Marie avait dix-neuf ans. La goutte de sang italien qui coulait dans ses veines (par les Orsetti, venus de Milan en Pologne avec Bona Sforza, la fiancée d'un des derniers rois de la dynastie des Jagellons), cette goutte l'avait faite brune, vive, avec de grands yeux noirs et une bouche charnue dont le sourire était, au dire d'un poète, d'une volupté ineffable. Les uns la déclaraient laide, les autres ravissante. C'est expliquer que, dans ce visage mi-slave, mi-florentin, tout dérivait de l'expression. « La brune fille d'Euterpe », disait d'elle le prince Napoléon qui aimait à l'écouter jouer du piano pendant qu'il fumait son cigare sur la place Saint-Antoine. Car Marie exerçait toutes sortes de petits talents : piano, chant, composition, broderie, peinture, sans vouloir ou sans pouvoir fixer ses préférences. Ce qui émanait d'elle de plus pertinent, c'était son charme, l'action profonde, peut-être inconsciente, d'un tempérament très riche. Dès ses quatorze ans, elle avait été passionnément aimée. Volontiers elle usait de son pouvoir sur les hommes, les troublait avec coquetterie. Son imagination était rapide, sa mémoire précise.

Telle est cette camarade d'enfance que Chopin va retrouver à Dresde, où la famille Wodzinski s'est établie pour quelque temps. Frédéric est plus curieux qu'ému de ce revoir. Il se demande même s'il ne s'agit pas d'un simple intérêt musical, Marie ayant été autrefois l'une de ses petites élèves. Elle lui envoyait encore parfois quelqu'une de ses compositions. Ne venait-il pas, il y a tout juste quelques semaines, de riposter à l'un de ces envois en adressant à son tour à la jeune fille une page de musique ? « Ayant à improviser dans un salon d'ici, le soir où je l'ai reçue, j'ai pris pour sujet le joli thème d'une Marie avec laquelle, autrefois, je jouais à cache-cache... Aujourd'hui je prends la liberté d'offrir à mon estimable collègue, Mlle Marie, une petite valse que je viens d'écrire. Puisse-t-elle lui procurer la centième partie du plaisir que j'ai éprouvé en jouant ses Variations. »

Donc il arrive à Dresde. Il la revoit. Il est séduit. Il l'aime. Cette ville qu'il a déjà visitée deux fois lui apparaît toute neuve, toute enchantée. Marie et Frédéric s'y promènent le matin, emplis d'une mélancolie heureuse. Ils vont sur la terrasse de Bruhl regarder couler l'Elbe, s'asseoient sous les marronniers du Grossgarten, restent en extase au Musée du Zwinger devant la Madone de Raphaël.

Ils vont ensemble faire visite à cette grande maîtresse de la cour qui avait eu tant de fierté, quelques années auparavant, à produire Chopin devant Leurs Altesses Saxonnes. Le soir, on se rend tous en famille chez un oncle de Marie, le palatin Wodzinski, qui avait présidé la dernière réunion du Sénat polonais avant la prise de Varsovie. Exilé, ayant vu confisquer une grande partie de ses biens, le vieillard vivait à présent à Dresde, la seconde capitale de ses anciens rois, entouré de ses estampes, de ses livres, de ses médailles. C'était un fin petit homme, au visage glabre, avec un toupet blanc sur la tête. Jadis il avait guerroyé, reçu Napoléon à Wilna, puis s'était fait prendre à Leipzig, aux côtés de Poniatowski mourant. Son défaut grave était de n'aimer point la musique, et, maintenant qu'on en faisait chez lui tous les soirs, il observait avec un peu d'humeur que sa jeune nièce dardait des yeux luisants sur ce faiseur de mazurkas. Il désapprouvait plus encore certains soupirs et chuchotements qui partaient d'un coin du salon où ce couple d'inséparables s'isolait au nez de tout le monde. Alors il toussait haut, redressait son toupet, apostrophait sa belle-sœur :

— Un artiste, un petit artiste sans avenir... Ah ! ce n'est pas mon rêve pour votre fille.

— Deux enfants, ripostait la comtesse en riant. Une amitié de toujours.

— On sait où cela mène...

— Mais c'est l'enfant de la maison, tout comme Antoine, Félix et Casimir ont été les enfants du professeur Chopin. Pourquoi attrister ce pauvre petit, si tendre, si serviable !

Et Frédéric continua au piano ou à la promenade ses duos d'amour, malgré les sourcils réprobateurs du palatin et sous les yeux indulgents de la mère. Un mois entier s'égrena dans ces nouveautés passionnantes. Puis il fallut penser au départ. Un matin de septembre il monta pour la dernière fois dans le salon où l'attendait la jeune fille. Un bouquet de roses jonchait la table. Elle en prit une et la lui donna. Onze heures sonnèrent à l'horloge de la Frauenkirche. Chopin restait figé devant elle, pâle, le regard absent. Peut-être songeait-il à cette mort de soi qu'est toujours un adieu, si chargé d'avenir qu'on le veuille. Ou écoutait-il le rythme mélodique de sa peine ? En tous cas la seule expression de douleur qui vint crever à la surface, ce fut un thème de valse. Il s'assit au piano, le joua, y enfouit tous les cris de sa solitude.

Plus tard, Marie l'appela *la Valse de l'Adieu*. Il est remarquable que Chopin, retenu par une pudeur insurmontable, ne l'ait jamais publiée. Il l'écrivit pourtant, la recopia, et l'offrit ce dernier jour à son amie avec cette bien simple dédicace : « Pour Mlle Marie, Dresde, septembre 1835. » Fontana l'édita après la mort de l'auteur (*Œuvres posthumes,* op. 69, n° 1, valse en la bémol majeur). On veut y entendre « le murmure de deux voix amoureuses, les coups répétés de l'horloge et le roulement des roues brûlant le pavé, dont le bruit couvre celui des sanglots comprimés. » C'est possible, après tout, en dépit de Schumann et de son langage muet. Quoi qu'il en soit, Chopin conserva cette fleur que lui tendit Marie. Nous la retrouverons plus tard, mise sous enveloppe, et marquée d'un signe par celui pour qui le malheur et l'idéal eurent toujours l'odeur d'une rose de fin d'été.

Sur la route du retour, Chopin s'arrêta à Leipzig où il retrouva Mendelssohn, qui le conduisit tout droit chez le père Wieck, sa fille Clara et Robert Schumann. Le petit logement des Wieck groupa ce jour-là les trois plus grands compositeurs de cette époque.

Arrivé à Paris, Chopin se cloîtra chez lui afin de vivre tête-à-tête avec le bien-aimé visage qui maintenant habitait son désert. Il écrivit. Il reçut des lettres. Elles étaient de part et d'autre un peu ternes, parce qu'ils ne savaient bien parler tous deux qu'en musique. Mais quoi, la plume d'un amant n'est pas nécessairement littéraire, ni chargée de sentiments. Il en est même qui, à force d'être exigeantes, dédaignent les mots si fatigués du vocabulaire de l'amour. Aux novices et aux purs, de très pâles nuances suffisent pour montrer leur cœur nu. Écoutons avec la fine oreille de Chopin, les lettres légères de Marie Wodzinska.

« Quoique vous n'aimiez ni à recevoir ni à écrire des lettres, je veux pourtant profiter du départ de M. Cichowski pour vous donner des nouvelles de Dresde depuis vous. Je vais donc encore vous ennuyer, mais plus avec mon jeu. Samedi, lorsque vous nous quittâtes, chacun de nous se promenait triste, les yeux remplis de larmes, dans ce salon où, quelques minutes avant, nous vous comptions encore parmi nous. Mon père rentra bientôt et fut désolé de n'avoir pas pu vous faire ses adieux. Ma mère en pleurs nous rappelait à chaque instant quelque trait « de son quatrième fils Frédéric » (comme elle le dit). Félix avait une mine tout abattue ; Casimir voulait faire des plaisanteries comme à son ordinaire, mais ce jour-là elles ne lui réussissaient pas, car il faisait le paillasse moitié pleurant. Mon père se moquait de nous et il riait lui-même uniquement pour ne pas pleurer. À onze heures vint le maître de chant ; la leçon alla fort mal, nous ne pouvions pas chanter. Vous étiez le sujet de toutes les conversations. Félix me demandait toujours *la Valse,* (dernière chose que nous avions reçue et entendue de vous). Nous trouvions du plaisir : eux à l'écouter, moi à la jouer, car elle nous rappelait le frère qui venait de nous quitter. Je l'ai portée à relier ; l'Allemand a ouvert de grands yeux quand on lui a montré une seule feuille ; (il ne savait pas par qui elle avait été écrite). Personne n'a dîné : on regardait toujours votre place habituelle à table, puis aussi *le petit coin de Fritz.* La petite chaise est toujours à sa place, et probablement il en sera ainsi aussi longtemps que nous occuperons cet appartement. Le soir, on nous conduisit chez ma tante pour nous éviter la tristesse de cette première soirée, à laquelle vous n'auriez pas assisté. Mon père vint nous prendre, disant qu'il lui serait impossible, ainsi qu'à nous, de rester dans cette maison ce jour-là. Nous éprouvâmes un grand bien à quitter un lieu qui renouvelait trop nos peines. Maman ne cause avec moi que de vous et d'Antoine.

Quand mon frère sera à Paris, pensez un peu à lui, je vous en supplie. Si vous saviez quel ami dévoué vous avez en lui ! Un ami comme il est rare d'en trouver. Antoine a un cœur excellent, il en a même trop, car il est toujours la dupe des autres ; et puis il est fort négligent, il ne pense jamais à rien, ou du moins rarement... Quand vous aurez par miracle le désir d'écrire : « Comment allez-vous ? Je me porte bien. Je n'ai pas le temps d'écrire davantage », ajoutez, je vous prie, *oui* ou *non*, à la question que je vais vous faire : Avez-vous composé ? *Si j'étais là-haut un petit soleil, pour nulle autre que toi je ne voudrais luire,* je l'ai reçu ces jours-ci et je n'ai pas le courage de le chanter, car je crains, si cela est de vous, que ce ne soit tout à fait changé, comme par exemple *Wojak*. Nous ne cessons de regretter que vous ne vous appeliez pas Chopinski, ou enfin qu'il n'y ait pas d'autre marque que vous êtes Polonais, car de cette manière les Français ne pourraient nous disputer la gloire d'être vos compatriotes. Mais je suis trop longue. Votre temps est si précieux, que c'est vraiment un crime de vous le faire passer à lire mes gribouillages. Du reste, vous ne les lisez pour sûr pas en entier. La lettre de la petite Marie sera reléguée dans un coin après qu'on en aura lu quelques lignes. Je n'ai donc plus à me reprocher le vol de votre temps.

« Adieu (tout simple). Un ami d'enfance ne demande pas de phrases. Maman vous embrasse tendrement. Mon père et mon frère vous embrassent sincèrement (non, c'est trop peu), le plus... Je ne sais déjà moi-même comment dire. Joséphine n'ayant pas pu vous faire ses adieux, me charge de vous exprimer ses regrets. Je demandais à Thérèse : « Que dois-je dire à Frédéric de ta part ? » Elle me répond : « l'embrasser bien et lui faire mes compliments. »

« Adieu.

« Maria. »

« P. -S. — Au moment de monter en voiture, vous avez oublié sur le piano le crayon de votre portefeuille. Cela a dû vous être incommode en route ; quant à nous, nous le gardons ici respectueusement comme une relique. Encore une fois, merci bien gentiment pour la petite cruche. Mlle Wodzinska vint ce matin avec une grande découverte chez moi. « Ma sœur Maria, je sais comme on dit Chopin en polonais : — Chopena ! »

Frédéric répond, envoie sa musique, et surtout il compose. L'année 1836 s'ouvre sous le signe de Marie. Il édite le *Concerto en fa mineur* et la *Grande Polonaise* pour piano et orchestre. Il compose la *Ballade en sol mineur,* qui est le monument de son amour.

Ce n'est pas délibérément qu'un artiste découvre, puis façonne le résidu de ses expériences amoureuses. Les joies et les souffrances, il les reçoit, il s'en laisse travailler, et c'est après seulement le rude labeur des luttes contre soi-même, la corrodation de chacune de ses illusions sous le sel de ses larmes, que peut naître le fruit coûteux dont il portait le germe. C'est de cette chimie obscure, des déceptions que lui causaient peu à peu les lettres de Marie, que sortit la *Ballade en sol mineur* (op. 23). Schumann la disait un des morceaux les plus sauvages, les plus personnels de Chopin. Il aurait pu ajouter : le plus douloureux, donc le plus passionné, puisqu'il n'y a pas de passion sans douleur. Ici, c'est la passion même que nous voyons en croix, dont nous entendons les cris. Quel puissant instinct de poète de traiter son mal sons la forme narrative, comme un conte dramatique ! Car la ballade est, en théorie, un morceau pour chant avec accompagnement. Chopin transposait sous forme de légende le vieux mal des hommes qui était devenu pour la seconde fois le sien. C'est par là, par ce qu'elle nous raconte de lui, par ce côté involontaire, irrésistible, d'un sentiment unique et malheureux, que la *Ballade en sol mineur* garde un accent qui nous flatte. Elle nous convainc que nous aussi, nous sommes marqués du signe de l'amour.

Schumann, qui le revit cet été-là, à Leipzig, raconte les heures enchantées qu'ils passèrent ensemble au piano. Écouter le visionnaire, c'était devenir soi-même le songe de son esprit. Mais rien n'était plus pénible que l'habitude qu'avait Chopin de passer rapidement son doigt d'un bout à l'autre du clavier, à la fin de chaque morceau, comme pour en chasser de force le rêve qu'il avait créé.

Détail curieux : au début de la Ballade, à la dernière mesure de l'introduction, on voit sur l'édition originale un *ré*, évidemment façonné avec un *mi* ultérieurement corrigé. Saint-Saëns écrit à ce sujet : « Ce *mi* supposé donne un accent douloureux tout à fait d'accord avec le caractère du morceau. Était-ce une faute de gravure ? Était-ce l'intention première de l'auteur ? Cette note détermine un accent dissonant, d'un effet imprévu. Or les dissonances, recherchées aujourd'hui comme des truffes, étaient alors redoutées. De Liszt, que j'ai interrogé à ce sujet, je n'ai pu obtenir que cette réponse : j'aime mieux le *mi bémol*... J'ai conclu de cette réponse évasive que Chopin, en jouant la Ballade, faisait entendre le *ré* ; mais je suis resté convaincu que le *mi bémol* était sa première idée, et que le *ré* lui avait été conseillé par des amis craintifs et maladroits. »

Je reproduis ce détail pour les amis des sources, pour ceux qui aiment à surprendre dans les cœurs non toujours les sons les plus doux, mais les plus vrais. Ils entendront la nuance.

Donc, Chopin travaille, économise, et prépare son revoir avec Marie. Il refuse une invitation de Mendelssohn, qui voudrait le faire venir à Düsseldorf pour un festival de musique. Il refuse à Schumann, qui pourtant signe sa lettre « avec amour et adoration ». Toutes ses forces il les réserve au voyage de Marienbad, qu'il entreprend enfin au mois de juillet 1836.

Par une radieuse matinée d'été, Chopin arrive devant les collines boisées qui entourent la petite ville d'eaux autrichienne où l'attend sa bien-aimée. L'impression est si puissante, qu'il ferme les yeux comme sous le choc d'une douleur. Il a le pressentiment d'avoir à l'instant, avant même le revoir, touché la cime de sa joie. Il connaît cette angoisse irraisonnée que poussent devant eux les faux bonheurs, déjà finis, vécus, vidés, alors qu'ils ont à peine commencé d'être. Pourtant le visage tumultueux de Marie le remet d'aplomb et lui rend sa confiance. Mais une nuance de gêne, une manière d'être un peu plus cérémonieuse que l'année précédente, chez la jeune fille et chez sa mère, lui laissent de l'inquiétude.

On reprend toutefois la vie intime, familiale, qui lui plaît tant. L'impression triste se dissipe. Ce sont des promenades dans ce paysage aimable, des séances de musique, les causeries du soir, les récits de sa vie parisienne, les souvenirs. Frédéric brille dans ses talents d'imitateur. Il copie les artistes en renom, assomme le clavier à grands gestes des bras et des mains, va, comme il le dit, « à la chasse aux pigeons ». Les Wodzinski habitaient une villa. Dans leur jardin régnait un grand tilleul. Aux heures chaudes de l'après-midi, Marie et Frédéric s'installent à son ombre et la jeune fille dessine au fusain le visage toujours un peu grave de cet ami à la fois si enfant et si mûr.

Le 24 août, ils retournent tous ensemble à Dresde, ville aimée. Ils y passent encore deux semaines. Deux semaines qui devaient fatalement conduire à un dénouement. Le 7 septembre, avant-veille du départ de Chopin, au crépuscule, il demande à Marie si elle accepterait de devenir sa femme. Elle consentit. On n'en sait pas davantage, sinon que la comtesse, elle aussi, donna son agrément mais demanda le secret. Il fallait cacher cette décision au père, qu'on fléchirait sans doute, mais l'orgueil de sa race rendait un consentement rapide improbable. De plus, il jugeait la santé de Chopin fragile. Frédéric partit, emportant cette promesse et son désespoir. Il savait que le pressentiment de Marienbad ne l'avait pas trompé et déjà ne croyait plus au bonheur.

Pourtant les Wodzinski écrivirent. La comtesse surtout. Marie ajoutait de petits post-scriptum. Voici la première lettre de Mme Wodzinska :

14 septembre 36.

« Cher Frédéric,

« Suivant notre convention, je vous envoie une lettre... ; je l'aurais déjà expédiée il y a deux jours si ce n'eût été une dent que j'ai fait extraire après votre départ et dont j'ai beaucoup souffert. Je ne peux assez regretter que vous soyez parti samedi ; ce jour-là j'étais souffrante et je n'ai pu assez m'occuper du *crépuscule,* nous en avons trop peu parlé.

« Le lendemain j'aurais pu en causer plus longuement. M. de Girardin dit : « En toute chose, le lendemain est un grand jour. » Nous l'avons devant nous. Ne croyez pas que je rétracte ce que j'ai dit ; non, mais il fallait délibérer sur la voie à suivre. Je vous prie seulement de garder le secret ; portez-vous bien, car tout dépend de cela... Pour le 15 octobre, je serai à Varsovie. Je verrai vos parents et vos sœurs ; je leur dirai que vous vous portez bien et que vous êtes d'excellente humeur ; cependant je ne parlerai pas du *crépuscule*... Adieu, couchez-vous à 11 heures, et jusqu'au 7 janvier employez l'eau de gomme comme boisson. — Portez-vous bien, chez Fritz ; je vous bénis de toute mon âme, comme une mère aimante.

« P. S. Marie vous envoie des pantoufles... Elles sont un peu grandes, mais elle dit que vous devez porter des bas de laine ; c'est ainsi que Paris a jugé et je suppose que vous serez obéissant, ne l'avez-vous pas promis ? Enfin remarquez que c'est un temps d'épreuves. »

Le crépuscule, c'est ainsi qu'ils nommaient entre eux les amours de Chopin. Jamais nom de hasard ne tomba plus juste.

À une lettre que son frère Casimir expédie le lendemain, Marie ajoute ces lignes :

« Nous ne pouvons nous consoler de votre départ ; les trois jours qui viennent de passer nous ont paru des siècles ; faites-vous de même ? Regrettez-vous un peu vos amis ? Oui, je réponds pour vous, et je pense que je ne me trompe pas ; du moins j'ai besoin de le croire. Je me dis que ce *oui* vient de vous (car, n'est-ce pas, vous l'auriez dit ?).

« Les pantoufles sont achevées, je vous les envoie. Ce qui me chagrine, c'est qu'elles sont trop grandes, quoique j'aie donné votre bottine pour mesure, carissimo maestro, mais c'est un vulgaire Allemand. Le docteur Paris me console en me disant que c'est bien pour vous, car vous devez porter cet hiver des bas de laine bien chauds.

« Maman s'est fait arracher une dent, ce qui l'a fort affaiblie. Elle a dû garder le lit jusqu'à présent. Dans quinze jours nous partirons pour la Pologne. Je verrai vos parents : quel bonheur pour moi ! et cette bonne Louise, me reconnaîtra-t-elle ? Adieu, mio carissimo maestro, n'oubliez pas maintenant Dresde, et dans peu la Pologne. Adieu, *au revoir*. Ah ! si cela pouvait être au plus tôt.

« Maria. »

« P. S. Casimir dit que le piano de Sluzewo est tellement délabré qu'il n'y a plus moyen de jouer dessus. Ainsi pensez à Pleyel. Dans des temps heureux, non ceux d'aujourd'hui (en ce qui nous concerne), j'espère vous entendre sur le même piano. Au revoir, au revoir, au revoir ! Cela fait espérer ! »

Voilà la lettre la plus amoureuse que Chopin ait jamais reçue de Marie Wodzinska. En octobre, nouvelle épître de la comtesse, nouveau post-scriptum de Marie.

2 octobre — crépuscule.

« Je vous remercie sincèrement pour les autographes et je vous prie d'en envoyer encore (c'est ce que maman me fait vous écrire). Maintenant nous partons au plus vite pour Varsovie. Combien je me réjouis de revoir toute votre famille, et l'année prochaine, *vous* !... Adieu, jusqu'à *mai* ou *juin* au plus tard. Je recommande à votre souvenir votre très fidèle secrétaire.

« Marie. »

En janvier 37, la comtesse Wodzinska s'inquiète du piano Pleyel que lui a expédié Chopin. Elle remercie pour un nouvel envoi d'autographes et ajoute à la fin de sa lettre cette phrase un peu ambiguë : « Il faudra désormais s'informer plus prudemment encore du bien-aimé. » Marie rédige son post-scriptum, son pensum voudrait-on dire :

« Maman a grondé, et moi je remercie gentiment, très gentiment, et quand nous nous reverrons, je remercierai plus gentiment encore. On voit que je suis très paresseuse pour écrire, parce que remettre mes remerciements à notre prochaine entrevue me dispense aujourd'hui de beaucoup de mots. Maman vous a décrit notre façon de vivre, il ne me reste donc rien à vous apprendre, sinon qu'il dégèle : grande nouvelle, n'est-ce pas ? Surtout très importante à savoir. Cette vie tranquille que nous menons ici est ce qu'il nous faut, voilà pourquoi je l'aime, pour à présent s'entend, car je ne voudrais pas que cela fût toujours ainsi. On prend son parti le mieux qu'on peut, quand cela ne peut être autrement que cela n'est. Je m'occupe un peu pour tuer le temps. J'ai dans ce moment *l'Allemagne*, de Heine, qui m'intéresse infiniment.

« Mais il faut finir et vous recommander à Dieu. J'espère que je n'ai pas besoin de vous répéter l'assurance des sentiments de votre fidèle secrétaire.

« Marie. »

Cette fois, Chopin ne dut plus voir dans ces mots sans couleur les moindres feux du *crépuscule*. La nuit était descendue entière. Il prit l'album que lui avait donné Marie l'année d'avant pour y mettre une page de musique. Pendant un an l'album était demeuré vierge. Chopin disait : « Je n'aurais pu y écrire quoique ce soit, même si j'étais resté cent ans devant. » Maintenant il pouvait le remplir, parce qu'il comprenait que Marie ne l'aimait plus. Il écrivit donc sur la première page un *Lento con gran espressione* et huit autres mélodies sur des paroles de Witwicki et de Miçkiewicz. Et bientôt après il reçut en réponse cette lettre, la dernière :

Pour Frédéric Chopin.

« Je ne puis vous écrire que quelques mots, en vous remerciant pour le joli cahier que vous m'avez envoyé. Je ne tâcherai pas de vous dire combien j'ai éprouvé de joie en le recevant, ce serait en vain. Recevez, je vous prie, l'assurance de tous mes sentiments de reconnaissance que je vous dois. Croyez à l'attachement que vous a voué pour la vie toute notre famille, et particulièrement votre plus mauvaise élève et amie d'enfance. Adieu, maman vous embrasse bien tendrement. Thérèse à chaque instant parle de son Chopena.

« Adieu, gardez notre souvenir.

« Maria. »

On ne sait si c'est de cœur ou d'intelligence que cette personne manquait. Du reste, cela n'a guère d'importance. L'amour n'est pas à la mesure de toutes les petites filles. Pas plus que le bonheur n'est fait pour les âmes difficiles. « Peut-être valons-nous mieux que le bonheur », disait Liszt à Mme d'Agoult.

Chopin accepta en silence la rupture de ses fiançailles. Mais ni son corps ni son cœur n'en guérirent jamais. Son amie Camille Pleyel l'emmena quelques jours à Londres, pour le distraire. Il y fut très souffrant. La tuberculose, qu'il couvait, semble avoir commencé dès lors ses ravages.

Le marquis de Custine lui écrivait : « Vous avez gagné en souffrance, en poésie ; la mélancolie de vos compositions pénètre plus avant dans les cœurs. On est seul avec vous-même au milieu de la foule. Ce n'est pas un piano, c'est une âme... »

Chopin prit les billets de Marie Wodzinska et les mit, avec la rose de Dresde, dans une enveloppe sur laquelle il écrivit ces deux mots polonais : *moïa biéda,* mon malheur. On retrouva après sa mort ce pauvre paquet, noué d'une faveur tendre.

CHAPITRE NEUF
PREMIÈRE ESQUISSE DE GEORGE SAND

Quelque six ans avant cette romance en si peu de paroles, nous avions regardé un visage de femme se pencher sur son papier et suivi sa main enthousiaste quand elle traçait ces mots : « Vivre, que c'est doux ! Que c'est bon, malgré les chagrins, les maris... malgré les poignantes douleurs. Vivre, c'est enivrant ! Aimer, être aimé ! C'est le bonheur ! C'est le ciel ! » Pendant ces six années, ni ce cœur, ni ce corps, ni cette main n'avaient beaucoup chômé. Vivre, telle fut bien, en effet, l'occupation essentielle de cette George Sand trapue, avide, et si formidablement douée pour toutes les extravagances de l'esprit et de la chair. Rien n'avait été trop fort pour cette petite femme, solide de la tête et du ventre. Et personne n'avait eu raison d'elle. Malgré les « poignantes douleurs », les chagrins, envers et contre un mari paysan et rapace, cette arrière-petite-fille du Maréchal de Saxe, cette fille d'une fille du peuple, avait assez bien résolu le double problème de tactique du bonheur qu'elle s'était posé : l'amour et la gloire. C'est de quoi suffire à des appétits exigeants. À vingt-sept ans, cette provinciale avait écrit son premier livre et choisi son premier amant. À trente, elle aurait pu dire comme son aïeul le Maréchal : « La vie est un songe. Le mien a été court, mais il a été beau. » Maintenant dans sa trente-quatrième année, cette surprenante faunesse se croyait finie et à jamais dégoûtée du plaisir. Elle ne savait pas encore que la maladie du désir, lorsqu'elle a ouvert dans un être sa blessure toujours à vif, n'a qu'une faible chance de guérison. Du moins avant le temps des grands froids.

Or, à cette maladie du désir, Aurore Dudevant ajoutait le goût des longues associations. Elle s'y était faite le cœur, la tête, et y avait contracté des habitudes de lit et de pensée. Jules Sandeau lui avait fourni son nom de plume, des théories sur « l'amour libre et divin » et sa première camaraderie amoureuse. La déception qui suivit cet essai la jeta en guerre contre tous les jougs, même ceux du sentiment. Encore joug est-il un mot bien pesant. Celui de pression suffit. Pour se délivrer de souvenirs cependant si peu nocifs, elle choisit un thaumaturge intelligent, et, contre l'amour, merveilleusement antiseptique : Mérimée. Elle s'en est confessée depuis dans une curieuse lettre : « Un de ces jours d'ennui et de désespoir, je rencontrai un homme qui ne doutait de rien, un homme calme et fort, qui ne comprenait rien à ma nature et qui riait de mes chagrins. La puissance de son esprit me fascina entièrement ; pendant huit jours je crus qu'il avait le secret du bonheur, qu'il me l'apprendrait, que sa dédaigneuse insouciance me guérirait de mes puériles susceptibilités. Je croyais qu'il avait souffert comme moi et qu'il avait triomphé de sa sensibilité extérieure. Je ne sais pas encore si je me suis trompée, si cet homme est fort par sa grandeur ou par sa pauvreté... Enfin, je me conduisis à trente ans comme une fille de quinze ne l'eût pas fait. L'expérience manqua complètement. »

Cette femme si enveloppée de mots, en trouve quelquefois pourtant qui laissent descendre la sonde dans ses profondeurs. Elle ajoute un peu plus loin, dans cette même lettre à Sainte-Beuve : « Si Prosper Mérimée m'avait comprise, il m'eût peut-être aimée, et s'il m'eût aimée, il m'eût soumise, et si j'avais pu me soumettre à un homme, je serais sauvée, *car ma liberté me ronge et me tue.* » Tel est le mal véritable de ce gros tempérament. Il avait besoin d'un maître et dès lors ne le cherche jamais que chez les faibles. Sa légère inversion physiologique détermina des erreurs de psychologie d'où naquirent toutes les fautes que ce bel animal pensant commit contre sa paix.

Donc, il y eut désormais dans la vie de George Sand un *être absent*. Entendons par ce mot une sorte d'amant idéal, seigneur de sa pensée et serviteur de sa chair, ce double fameux de nous-même, qui sollicite nos instincts sans jamais les assouvir, qui invente nos plus chères souffrances, travaille nos diables, et nous soulève pourtant comme un ange jusqu'aux caresses mystiques des âmes. La difficulté est de trouver réunies en un seul corps toutes ces couleurs de nos neurasthénies. Mais on se met quand même en chasse, en donnant à cette poursuite des noms différents. George Sand, elle, l'appelait « la recherche de sa vérité ». Après tout, pourquoi pas ? On appelle vérité, le rythme suivant lequel il nous semble que notre machine a le plus fort rendement, que ce soit dans le plaisir, la douleur, le travail ou l'amour. Mais il faut faire à Sand cette justice, qu'après son mal individuel, le mal général, « la souffrance de la race, la vue, la connaissance, la méditation du destin de l'homme » passionnèrent aussi son âme élastique. Elle arriva souvent à s'oublier pour comprendre les autres. Elle sut laisser vieillir son intelligence, donner de l'âge à ses pensées. Et pourtant, malgré toute la part qu'elle prit aux luttes idéologiques du siècle, en dépit de l'action intellectuelle qu'elle exerça si jeune sur les esprits de son temps, le gémissement profond de cette femme, c'est celui de sa *Lélia :* « Depuis dix mille ans j'ai crié dans l'infini : « vérité, vérité ! » Depuis dix mille ans l'infini me répond : « désir, désir ! »

Or, voici qu'après sa crise de désespérance de 1833, cette désenchantée écrit subitement : « Je crois que j'ai blasphémé la nature et Dieu peut-être dans *Lélia* ; Dieu, qui n'est pas méchant et qui n'a que faire de se venger de nous, m'a fermé la bouche en me rendant la jeunesse du cœur et en me forçant d'avouer qu'il a mis en nous des joies sublimes. » C'est qu'elle venait de dîner à côté d'un jeune homme blond de vingt-trois ans, aux yeux arrogants et dépourvus de cils, à la taille fine, aux belles mains seigneuriales, qui se moquait hautement de toute la sociologie et se penchait vers l'oreille des femmes pour leur souffler : « je ne suis pas tendre, je suis excessif. » Il se moquait bien des *classes laborieuses*, celui-là, et des *dirigeantes*, et de Saint-Simon, et de l'abbé de Lamennais. Il disait même : « Je m'intéresse plus à la manière dont Napoléon mettait ses bottes qu'à toute la politique de l'Europe. » Les dames sentaient que sa véritable étude était l'amour. Il s'occupa tout de suite de cette voisine déjà célèbre, au teint olivâtre, qui lui envoya quelques jours après les deux tomes de sa *Lélia* ainsi dédicacés : le premier, « À monsieur mon gamin d'Alfred » ; le second, « À monsieur le vicomte Alfred de Musset, hommage respectueux de son dévoué serviteur George Sand. »

On connaît aujourd'hui dans tous ses détails l'histoire de cette liaison, et sa magnifique dépense de douleurs. Nous n'en retiendrons que certains résidus, la lie amère laissée dans leurs cœurs par la débauche de deux imaginations raffinées et féroces. On peut dire qu'ils s'entre-dévorèrent. D'appétits différents, l'un plus brutal, plus affamé, moins regardant ; l'autre, mauvais, maniaque, mais savourant à petites bouchées les moelles de leur double souffrance. « Rétrécis ton cœur, mon grand George », disait-il. Et elle : « Je ne t'aime plus, mais je t'adore toujours. Je ne veux plus de toi, mais je ne peux plus m'en passer. » Ils partirent pour Venise, où ces sadiques se vengèrent sur eux-mêmes de leur double impuissance : cérébrale chez lui, physique chez elle. Et ils continuèrent néanmoins de se vouloir et de s'adorer en dépit de leurs vices usés et de leurs jouissances brûlées. Puis vinrent les tortures qu'on s'inflige pour perfectionner ses sensations. Il ne leur resta bientôt que le goût de leurs larmes. Enfin, au beau milieu de la crise, chacun des deux amants chercha le refuge là où le poussait son tempérament : George dans le travail et Alfred dans la maladie. Alors survint le sauveur sous la forme d'un beau docteur vénitien qui, au pied même du lit où le poète délirait, reçut le choc des désirs enfin rallumés dans l'autre victime. Plus de pitié, quand la bête est de nouveau en folie. Plus de désespoir non plus, dès lors que tombent les écailles sèches d'un vieil amour, pour laisser à nu un corps tout neuf qui se fond de douceur au premier contact d'une bouche inconnue.

Musset partit. On cultiva à trois un sentiment assez rare. L'été suivant, George écrivit à Alfred : « Oh ! cette nuit d'enthousiasme, où malgré nous tu joignis nos mains en nous disant : « vous vous aimez et vous m'aimez pourtant, vous m'avez sauvé âme et corps ». Et Musset de son côté s'écriait : « Pauvre George, pauvre chère enfant ! Tu t'es crue ma maîtresse, tu n'étais que ma mère... » Voilà le mot lâché. Tout à l'heure, cette inversion physiologique que nous signalions pouvait se traduire autrement. Mais le mot juste est bien celui de mère. Car Sand était avant tout une maternelle, une protectrice, une amoureuse *genitrix*. Il lui fallait des possessions qui tournassent à l'enfantement. Et quelques mois plus tard, quand tout fut fini entre eux, les hurlements qu'elle pousse dans son *Journal intime* sur cet amour mal éteint, sont encore ceux d'une mère sevrée de son nourrisson. « Je t'aime, je me soumettrais à tous les supplices pour être aimée de toi et tu me quittes ! Ah ! pauvre homme, vous êtes fou... c'est votre orgueil qui vous conseille... Ô mes pauvres enfants, que votre mère est malheureuse ! — Je veux m'entourer d'hommes purs et distingués. Loin de moi les forts, je veux voir des artistes : Liszt, Delacroix, Berlioz, Meyerbeer. Je serai homme avec eux et on jasera d'abord. Alfred entendra ces mauvaises plaisanteries... Oh ! si je l'avais aujourd'hui, hélas ! Que je suis pressée de l'avoir. Si j'avais quelques lignes de toi de temps en temps, un mot, la permission de t'envoyer de temps en temps une petite image de quatre sous achetée sur le quai, des cigarettes faites par moi, un oiseau, un joujou... Ô mes yeux bleus, vous ne me regarderez plus ! Belle tête, je ne te verrai plus t'incliner sur moi et te voiler d'une douce langueur ! Mon petit corps souple et chaud, vous ne vous étendrez plus sur moi comme Élisée sur l'enfant mort pour le ranimer ! » — « Ah ! qui te soignera et qui soignerais-je ? »

Telle fut la punition d'avoir caressé un homme sans passion. Et le fond d'elle-même, quand elle le remue bien, ramène toujours le même espoir : « J'ai besoin de souffrir pour quelqu'un. J'ai besoin de nourrir cette maternelle sollicitude, qui s'est habituée à veiller sur un être souffrant et fatigué. »

Un emballement de tête pour une sorte de tribun du peuple vint rafraîchir la plaie encore vive : elle crut aimer Everard, celui que ses contemporains nommaient Michel de Bourges. Elle lui donna la virginité de son intelligence. Amour froid. Amour d'esclave qui admire un beau capitaine et un juste législateur. Mais pas de dépense, pas de souffrance, rien de ce qui creuse dans l'âme les caves de la volupté. Et puis, Michel de Bourges était anti-artiste. Elle voulut venger l'art par l'ironie. « Berlioz est un artiste, écrivait-elle à ce maître de rhétorique. Peut-être bien a-t-il la scélératesse de penser en secret que tous les peuples de l'univers ne valent pas une gamme chromatique placée à propos, comme moi j'ai l'insolence de préférer une jacinthe blanche à la couronne de France. Mais sois sûr qu'on peut avoir ces folies dans le cerveau et ne pas être l'ennemi du genre humain. Tu es pour les lois somptuaires, Berlioz est pour les triples croches, je suis pour les liliacées. » Cet avocat était pourtant jaloux sous ses froideurs. Il était même ennuyeux. George Sand vit Liszt, le trouva beau, le reçut chez elle à Nohant avec sa maîtresse Marie d'Agoult, et tout en enviant leurs amours encore jeunes, notait dans son journal : « Quel calme effroyable dans mon âme ! Le flambeau serait-il éteint ? » Ce n'était pas le flambeau qui s'éteignait, mais le lumignon allumé par le philosophe dont elle avait prétendu être le porte-plume. Et même l'idée fixe revenait : « Mon plus doux rêve... consiste à imaginer les soins que je rendrais à ta vieillesse débile. » Un service important qu'elle reçut de Michel fut le gain de son procès en divorce contre Casimir Dudevant.

Dans l'été de 1836 elle secoua la chaîne de l'amant et rompit le fil à la patte du mari. La voici libre. Du coup, elle confie ses deux enfants, Maurice et Solange, à un jeune précepteur du nom de Pelletan, qu'elle met à l'épreuve pour le mieux connaître en devenant sa maîtresse. Puis elle part rejoindre à Genève Liszt et la comtesse d'Agoult. Elle en revient au début de l'automne et s'installe à Paris pendant quelque temps avec ce couple qui commençait à se lasser de sa solitude. Ils descendent tous trois à l'hôtel de France, rue Laffitte. Cette paisible auberge de bons bourgeois devient un phalanstère d'artistes. On y croise dans l'escalier Eugène Sue, Mickiewicz, le chanteur Nourrit, l'abbé de Lamennais, Henri Heine. Messieurs les musiciens, et Liszt le premier, ne parlent que de Chopin.

— Amenez-le-moi, demande George.

Il vint un soir, avec Hiller. Monsieur Sand et Mademoiselle Chopin se virent pour la première fois.

En revenant chez lui, Chopin dit à son ami :

— Quelle femme antipathique que cette Sand ! Est-ce vraiment bien une femme ? Je suis prêt à en douter.

CHAPITRE DIX
LETTRES DE DEUX ROMANCIERS

Tandis que Frédéric Chopin vivait en l'année 1837 la lente décomposition de son amour, George Sand était retournée dans son petit château de Nohant. Elle y passa de longs mois seule, avec ses enfants et son travail. L'été lui amena le ménage Liszt-d'Agoult, des nuits musiciennes, de nouveaux rêves de bonheur. Puis sa mère mourut brusquement et il fallut rentrer à Paris tandis que la comtesse et Franz prenaient la route d'Italie. Elle forma le projet de les y rejoindre mais en fut retenue par une inclination subite pour le nouveau précepteur de ses enfants, Félicien Mallefille. La rupture avec Michel de Bourges saignait encore faiblement, mais George sentait qu'elle avait enfin « terrassé le dragon » et que cet attachement, plus tenace qu'elle ne l'avait imaginé, allait être guéri par une affection douce, « moins enthousiaste, moins âpre aussi », et qu'elle espérait durable. Elle se trompait. Six mois suffirent pour tarir cette source à fleur de terre. Elle eut pitié néanmoins de cet amant un peu fade et qui n'intéressait point ses entrailles. Pendant quelques mois encore elle le traîna dans ses bagages, entre Paris, Fontainebleau et Nohant.

En janvier de 1838, le grand Balzac tomba un beau jour dans cette campagne et y demeura quelques jours. Les deux romanciers passèrent les nuits en bavardages et en confidences. Puis Balzac rédigea pour la comtesse Hanska ses impressions encore chaudes :

« J'ai abordé le château de Nohant, le samedi gras, vers sept heures et demie du soir, et j'ai trouvé la camarade George Sand dans sa robe de chambre, fumant un cigare après le dîner, au coin de son feu, dans une immense chambre solitaire. Elle avait de jolies pantoufles jaunes ornées d'effilés, des bas coquets et un pantalon rouge. Voilà pour le moral. Au physique, elle avait doublé son menton comme un chanoine. Elle n'a pas un seul cheveu blanc malgré ses effroyables malheurs ; son teint bistré n'a pas varié ; ses beaux yeux sont tout aussi étincelants ; elle a l'air tout aussi bête quand elle pense, car, comme je lui ai dit après l'avoir étudiée, toute sa physionomie est dans l'œil. Elle est à Nohant depuis un an, fort triste et travaillant énormément. Elle mène à peu près ma vie. Elle se couche à six heures du matin et se lève à midi ; moi, je me couche à six heures du soir et me lève à minuit ; mais, naturellement, je me suis conformé à ses habitudes, et nous avons, depuis trois jours, bavardé depuis cinq heures du soir, après le dîner, jusqu'à cinq heures du matin ; en sorte que je l'ai plus connue, et réciproquement, dans ces trois causeries, que pendant les quatre années précédentes, où elle venait chez moi quand elle aimait Jules Sandeau, et que quand elle a été liée avec Musset... Il était assez utile que je la visse, car nous nous sommes fait nos mutuelles confidences sur Jules Sandeau... Elle a cependant été encore plus malheureuse avec Musset, et la voilà dans une profonde retraite, condamnant à la fois le mariage et l'amour, parce que, dans l'un et l'autre état, elle n'a eu que des déceptions.

« Son mâle était rare, voilà tout. Il le sera d'autant plus qu'elle n'est pas aimable, et, par conséquent, elle ne sera que très difficilement aimée. Elle est garçon, elle est artiste, elle est grande, généreuse, dévouée, chaste ; elle a les traits de l'homme : *ergo*, elle n'est pas femme. Je ne me suis pas plus senti qu'autrefois près d'elle, en causant pendant trois jours à cœur ouvert, atteint de cette galanterie d'épiderme que l'on doit déployer en France et en Pologne pour toute espèce de femme.

« Je causais avec un camarade. Elle a de hautes vertus, de ces vertus que la société prend au rebours. Nous avons discuté avec un sérieux, une bonne foi, une candeur, une conscience, dignes des grands bergers qui menèrent les troupeaux d'hommes, les grandes questions du mariage et de la liberté.

« Car, comme elle le disait avec une immense fierté (je n'aurais pas osé le penser de moi-même), « puisque par nos écrits, nous préparons une révolution pour les mœurs futures, je suis non moins frappée des inconvénients de l'un que de ceux de l'autre. »

« Et nous avons causé toute une nuit sur ce grand problème. Je suis tout à fait pour la liberté de la jeune fille et l'esclavage de la femme, c'est-à-dire que je veux qu'avant le mariage elle sache à quoi elle s'engage, qu'elle ait étudié tout ; puis, que quand elle a signé le contrat, après en avoir expérimenté les chances, elle y soit fidèle. J'ai beaucoup gagné en faisant connaître à Mme Dudevant la nécessité du mariage ; mais elle y croira, j'en suis sûr, et je crois avoir fait du bien en le lui prouvant.

« Elle est excellente mère, adorée de ses enfants ; mais elle met sa fille Solange en petit garçon et ce n'est pas bien.

« Elle est comme un homme de vingt ans, *moralement,* car elle est chaste, prude, et n'est artiste qu'à l'extérieur. Elle fume démesurément, elle joue peut-être un peu trop à la princesse, et je suis convaincu qu'elle s'est peinte fidèlement dans la princesse du *Secrétaire intime*. Elle sait et dit d'elle-même ce que j'en pense, sans que je le lui aie dit : qu'elle n'a ni la force de conception, ni le don de construire des plans, ni la faculté d'arriver au vrai, ni l'art du pathétique ; mais que sans savoir la langue française, elle a le *style* ; c'est vrai. Elle prend assez, comme moi, sa gloire en raillerie, a un profond mépris pour le public, qu'elle appelle *Jumento*.

« Je vous raconterai les immenses et secrets dévouements de cette femme pour ces deux hommes, et vous vous direz qu'il n'y a rien de commun entre les anges et les démons. Toutes les sottises qu'elle a faites sont des titres de gloire aux yeux des âmes belles et grandes...

« Enfin, c'est un homme et d'autant plus un homme qu'elle veut l'être, qu'elle est sortie du rôle de femme, et qu'elle n'est pas femme. La femme attire et elle repousse, et, comme je suis très homme, si elle me fait cet effet-là, elle doit le produire sur les hommes qui me sont similaires ; elle sera toujours malheureuse. Ainsi, elle aime maintenant un homme qui lui est inférieur, et dans ce contrat-là, il n'y a que désenchantement et déception pour une femme qui a une belle âme ; il faut qu'une femme aime toujours un homme qui lui soit supérieur, ou qu'elle y soit si bien trompée que ce soit comme si ça était.

« Je n'ai pas été impunément à Nohant, j'en ai rapporté un énorme vice : elle m'a fait fumer un *houka* et du *Lattakieh* ; c'est devenu tout à coup un besoin pour moi... »

L'œil et l'oreille de Balzac ne se trompaient pas dans leur diagnostic. Et cependant il ne pouvait ni tout voir ni tout entendre ce qui se passait derrière les vitres de cet être, plus compliqué qu'il ne croyait. Ce printemps de 1838 faisait germer une fois de plus la violette sombre et forte d'un nouvel amour.

George Sand était allée plusieurs fois à Paris. Elle avait revu Chopin. Et le drame du plaisir, des difficultés, des douleurs, s'était noué entre eux. Sand et Chopin sortaient tous deux de trop de souffrances pour ne pas ouvrir la nouvelle page de leur histoire avec méfiance. Mais chez Chopin tout est resté enseveli dans le silence, et sa musique seule en a préservé l'interrogation ou les élans secrets. On consultera toute sa production de cette époque, qui en est un magnifique témoignage : les *Douze Études* dédiées à Mme d'Agoult (2e cahier, op. 25), l'*Impromptu* (op. 29), le *Deuxième Scherzo* (op. 31), les *Deux Nocturnes* (op. 32), les quatre *Mazurkas* de l'opus 30 (ut mineur, si mineur, ré bémol majeur, et ut dièse majeur), les trois *Valses brillantes* de l'opus 34, et trois autres *Mazurkas* (op. 33) dédiées à Mlle la comtesse Mostowska.

Quant à George, le premier tintement de sa nouvelle passion se retrouve dans une lettre à son amie Marliani, en date du 23 mai, où elle dit :

« Chère belle, j'ai reçu vos lettres et je tarde à vous répondre *à fond,* parce que vous savez que le temps est *variable* dans la saison des amours. On dit beaucoup de *oui,* de *non,* de *si,* de *mais* dans une semaine, et souvent on dit le matin : *décidément ceci est intolérable,* pour dire le soir : *en vérité, c'est le bonheur suprême.* J'attends donc pour vous écrire *tout de bon* que mon baromètre marque quelque chose sinon de stable, du moins de certain pour un temps quelconque. Je n'ai pas le plus petit reproche à faire, mais ce n'est pas une raison pour être contente... » Toutefois, ce n'est pas à Mme Marliani qu'elle montra les singulières et si intéressantes fluctuations de son baromètre sentimental, mais au comte Albert Grzymala, un ami intime de Chopin. Or, voici ce qu'elle lui écrivit au début de cet été là :

« Jamais il ne peut m'arriver de douter de la loyauté de vos conseils, cher ami ; qu'une pareille crainte ne vous vienne jamais. Je crois à votre évangile sans le bien connaître et sans l'examiner, parce que du moment qu'il a un adepte comme vous, il doit être le plus sublime de tous les évangiles. Soyez béni pour vos avis et soyez en paix sur mes pensées. Posons nettement la question une dernière fois, parce que de votre dernière réponse sur ce sujet dépendra toute ma conduite à venir, et puisqu'il fallait en arriver là, je suis fâchée de ne pas avoir surmonté la répugnance que j'éprouvais à vous interroger à Paris. Il me semblait que ce que j'allais apprendre pâlirait mon *poème*. Et, en effet, le voilà qui a rembruni, ou plutôt qui pâlit beaucoup. Mais qu'importe ! Votre évangile est le mien quand il prescrit de songer à soi en dernier lieu, et de n'y pas songer du tout quand le bonheur de ceux que nous aimons réclame toutes nos puissances. Écoutez-moi bien et répondez clairement, catégoriquement, nettement. Cette personne qu'il veut, ou doit, ou croit devoir aimer, est-elle propre à faire son bonheur, ou bien doit-elle augmenter ses souffrances et ses tristesses ? Je ne demande pas s'il l'aime, s'il en est aimé, si c'est plus ou moins que moi. Je sais à peu près, par ce qui se passe en moi, ce qui doit se passer en lui. Je demande à savoir laquelle de *nous deux* il faut qu'il oublie ou abandonne pour son repos, pour son bonheur, pour sa vie enfin, qui me paraît trop chancelante et trop frêle pour résister à de grandes douleurs. Je ne veux point faire le rôle de mauvais ange. Je ne suis pas le *Bertram* de Meyerbeer et je ne lutterai point contre l'amie d'enfance, si c'est une belle et pure Alice ; si j'avais su qu'il y avait un lien dans la vie de votre enfant, un sentiment dans son âme, je ne me serais jamais penchée pour respirer un parfum réservé à un autre autel. De même, lui sans doute se fût éloigné de mon premier baiser s'il eût su que j'étais comme mariée. Nous ne nous sommes point trompés l'un l'autre, nous nous sommes livrés au vent qui passait et qui nous a emportés tous deux dans une autre région pour quelques instants.

Mais il n'en faut pas moins que nous redescendions ici-bas, après cet embrassement céleste et ce voyage à travers l'empyrée. Pauvres oiseaux, nous avons des ailes, mais notre nid est sur la terre et quand le chant des anges nous appelle en haut, le cri de notre famille nous rappelle en bas. Moi, je ne veux point m'abandonner à la passion, bien qu'il y ait au fond de mon cœur un foyer encore bien menaçant parfois. Mes enfants me donneront la force de briser tout ce qui m'éloignerait d'eux ou de la manière d'être qui est la meilleure pour leur éducation, leur santé, leur bien-être, etc... Ainsi je ne puis pas me fixer à Paris à cause de la maladie de Maurice, etc., etc. Puis il y a un être excellent, *parfait,* sous le rapport du cœur et de l'honneur, que je ne quitterai jamais, parce que c'est le seul homme qui, étant avec moi depuis près d'un an, ne m'ait pas une seule fois, *une seule minute,* fait souffrir par sa faute. C'est aussi le seul homme qui se soit donné entièrement et absolument à moi, sans regret pour le passé, sans réserve pour l'avenir. Puis, c'est une si bonne et si sage nature, que je ne puisse l'amener avec le temps à tout comprendre, à tout savoir ; c'est une cire malléable sur laquelle j'ai posé mon sceau et quand je voudrai en changer l'empreinte, avec quelque précaution et quelque patience j'y réussirai. Mais aujourd'hui cela ne se pourrait pas, et son bonheur m'est sacré.

« Voilà donc pour moi ; engagée comme je le suis, enchaînée d'assez près pour des années, je ne puis désirer que notre *petit* rompe de son côté les chaînes qui le lient. S'il venait mettre son existence entre mes mains, je serais bien effrayée, car en ayant accepté une autre, je ne pourrais lui tenir lieu de ce qu'il aurait quitté pour moi. Je crois que notre amour ne peut durer que dans les conditions où il est né c'est-à-dire que de temps en temps, quand un bon vent nous ramènera l'un vers l'autre, nous irons encore faire une course dans les étoiles et puis nous nous quitterons pour marcher à terre, car nous sommes les enfants de la terre et Dieu n'a pas permis que nous y accomplissions notre pèlerinage côte à côte. C'est dans le ciel que nous devons nous rencontrer, et les instants rapides que nous y passerons seront si beaux, qu'ils vaudront toute une vie passée ici-bas.

« Mon devoir est donc tout tracé. Mais je puis, sans jamais l'abjurer, l'accomplir de deux manières différentes ; l'une serait de me tenir le plus éloignée possible de C(hopin), de ne point chercher à occuper sa pensée, de ne jamais me retrouver seule avec lui ; l'autre serait au contraire de m'en rapprocher autant que possible, sans compromettre la sécurité de M(allefille), de me rappeler doucement à lui dans ses heures de repos et de béatitude, de le serrer chastement dans mes bras quelquefois, quand le vent céleste voudra bien nous enlever et nous promener dans les airs. La première manière sera celle que j'adopterai si vous me dites que la *personne* est faite pour lui donner un bonheur pur et vrai, pour l'entourer de soins, pour arranger, régulariser et calmer sa vie, si enfin il s'agit pour lui d'être heureux par elle et que j'y sois un empêchement ; si son âme *excessivement,* et peut-être *follement,* peut-être sagement scrupuleuse, se refuse à aimer deux êtres différents, de deux manières différentes, si les huit jours que je passerais avec lui dans une saison doivent l'empêcher d'être heureux dans son intérieur, le reste de l'année ; alors, oui, alors, je vous jure que je travaillerai à me faire oublier de lui. La seconde manière, je la prendrai si vous me dites de deux choses l'une : ou que son bonheur domestique peut et doit s'arranger avec quelques heures de passion chaste et de douce poésie, ou que le bonheur domestique lui est impossible, et que le mariage ou quelque union qui y ressemblât serait le tombeau de cette âme d'artiste : qu'il faut donc l'en éloigner à tout prix et l'aider même à vaincre ses scrupules religieux. C'est un peu là — je dirai où — que mes conjectures aboutissent. Vous me direz si je me trompe ; je crois la personne charmante, digne de tout amour et de tout respect, parce qu'un être comme lui ne peut aimer que le pur et le beau. Mais je crois que vous redoutez pour lui le mariage, le lien de tous les jours, la vie réelle, les affaires, les soins domestiques, tout ce qui, en un mot, semble éloigné de sa nature et contraire aux inspirations de sa muse. Je le craindrais aussi pour lui ; mais à cet égard, je ne puis rien affirmer et rien prononcer, parce qu'il y a bien des rapports sous lesquels il m'est absolument inconnu. Je n'ai vu que la face de son être qui est éclairée par le soleil. Vous fixerez donc mes idées sur ce point. Il est de la plus haute importance que je sache bien sa position, afin d'établir la mienne. Pour mon goût, j'avais arrangé notre poème dans ce sens, que je ne saurais rien, absolument rien de sa vie *positive,* ni lui de la mienne, qu'il suivrait toutes ses idées religieuses, mondaines, poétiques, artistiques, sans que j'eusse jamais à lui en demander compte, et réciproquement ; mais que partout, en quelque lieu et à quelque moment de notre vie que nous vinssions à nous rencontrer, notre âme serait à son apogée de bonheur et d'excellence. Car, je n'en doute pas, on est meilleur quand on aime d'un amour sublime, et loin de commettre un crime, on s'approche de Dieu, source et foyer de cet amour. C'est peut-être là, en dernier ressort, ce que vous devriez tâcher de lui faire bien comprendre, mon ami, et en ne contrariant pas ses idées de devoir, de dévouement et de sacrifice religieux vous mettriez peut-être son cœur plus à l'aise. Ce que je craindrais le plus au monde, ce qui me ferait le plus de peine, ce qui me déciderait même à me faire *morte pour lui*, ce serait de me voir devenir une épouvante et un remords dans son *âme* ; non, je ne puis (à moins qu'elle ne soit funeste pour lui en dehors de moi), me mettre à combattre l'image et le souvenir d'une autre. Je respecte trop la propriété pour cela, ou plutôt c'est la seule propriété que je respecte. Je ne veux voler personne à personne, excepté les captifs aux geôliers et les victimes aux bourreaux, et la Pologne à la Russie, par conséquent. Dites-moi si c'est une *Russie* dont l'image poursuit notre enfant ; alors, je demanderai au ciel de me prêter toutes les séductions d'Armide pour l'empêcher de s'y jeter ; mais si c'est une Pologne, laissez-le faire. Il n'y a rien de tel qu'une patrie, et quand on en a une, il ne faut pas s'en faire une autre. Dans ce cas, je serai pour lui comme une *Italie*, qu'on va voir, où l'on se plaît aux jours du printemps, mais où l'on ne reste pas, parce qu'il y a plus de soleil que de lits et de tables, et que le *confortable de la vie* est ailleurs. Pauvre Italie ! Tout le monde y songe, la désire ou la regrette ; personne n'y peut demeurer, parce qu'elle est malheureuse et ne saurait donner le bonheur qu'elle n'a pas. Il y a une dernière supposition qu'il est bon que je vous dise. Il serait possible qu'il n'aimât plus du tout l'*amie d'enfance*, et qu'il eût une répugnance réelle pour un lien à contracter, mais que le sentiment du devoir, l'honneur d'une famille, que sais-je ? lui commandassent un rigoureux sacrifice de lui-même. Dans ce cas-là, mon ami, soyez son bon ange ; moi, je ne puis guère m'en mêler ; mais vous le devez ; sauvez-le des arrêts trop rigoureux de sa conscience, sauvez-le de sa propre vertu, empêchez-le à tout prix de s'immoler, car dans ces sortes de choses (s'il s'agit de mariage ou de ces unions qui, sans avoir la même publicité, ont la même force d'engagement et la même durée), dans ces sortes de choses, dis-je, le sacrifice de celui qui donne son avenir n'est pas en raison de ce qu'il a reçu dans le passé. Le passé est une chose appréciable et limitée ; l'avenir, c'est l'infini, parce que c'est l'inconnu. L'être qui, en retour d'une certaine somme connue de dévouement, exige le dévouement de toute une vie future, demande une chose inique, et si celui à qui on le demande est bien embarrassé pour défendre ses droits en satisfaisant à la générosité et à l'équité, c'est à l'amitié qu'il appartient de le sauver et d'être juge absolu de ses droits et de ses devoirs. Soyez ferme à cet égard, et soyez sûr que moi qui déteste les séducteurs, moi qui prends toujours parti pour les femmes outragées ou trompées, moi qu'on croit l'avocat de mon sexe et qui me pique de l'être, quand il faut, j'ai pourtant rompu de mon autorité de sœur et de mère et d'amie plus d'un engagement de ce genre. J'ai toujours condamné la femme quand elle voulait être heureuse au prix du bonheur de l'homme ; j'ai toujours absout l'homme quand on lui demandait plus qu'il n'est donné à la liberté et à la dignité humaine d'engager. Un serment d'amour et de fidélité est un crime ou une lâcheté, quand la bouche prononce ce que le cœur désavoue, et on peut tout exiger d'un homme, excepté une lâcheté et un crime. Hors ce cas-là, mon ami, c'est-à-dire hors le cas où il voudrait accomplir un sacrifice trop rude, je pense qu'il faut ne pas combattre ses idées, et ne pas violenter ses instincts.

« Si son cœur peut, comme le mien, contenir deux amours bien différents, l'un qui est pour ainsi dire *le corps* de la vie, l'autre qui en sera *l'âme*, ce sera le mieux, parce que notre situation sera à l'avenant de nos sentiments et de nos pensées. De même qu'on n'est pas tous les jours sublime, on n'est pas tous les jours heureux. Nous ne nous verrons pas tous les jours, nous ne posséderons pas tous les jours le feu sacré, mais il y aura de beaux jours et de saintes flammes.

« Il faudrait peut-être aussi songer à lui dire ma position à l'égard de M(allefille). Il est à craindre que, ne la connaissant pas, il ne se crée à mon égard une sorte de devoir qui le gêne et vienne à combattre *l'autre* douloureusement. Je vous laisse absolument le maître et l'arbitre de cette confidence ; vous la ferez si vous jugez le moment opportun, vous la retarderez si vous croyez qu'elle ajouterait à des souffrances trop fraîches. Peut-être l'avez-vous déjà faite. Tout ce que vous avez fait ou ferez, je l'approuve et le confirme.

« Quant à la question de possession ou de non possession, cela me paraît une question secondaire à celle qui nous occupe maintenant. C'est pourtant une question importante par elle-même, c'est toute la vie d'une femme, c'est son secret le plus cher, sa théorie la plus étudiée, sa coquetterie la plus mystérieuse. Moi, je vous dirai tout simplement, à vous mon frère et mon ami, ce grand mystère, sur lequel tous ceux qui prononcent mon nom font de si étranges commentaires. C'est que je n'ai là-dessus ni secret, ni théorie, ni doctrines, ni opinion arrêtée, ni parti pris, ni prétention de puissance, ni singerie de spiritualisme, rien enfin d'arrangé d'avance et pas d'habitude prise, et je crois, pas de faux principes, soit de licence, soit de retenue. Je me suis beaucoup fiée à mes instincts qui ont toujours été nobles ; je me suis quelquefois trompée sur les personnes, mais jamais sur moi-même. J'ai beaucoup de bêtises à me reprocher, pas de platitudes ni de méchancetés. J'entends dire beaucoup de choses sur les questions de morale humaine, de pudeur et de vertu sociale. Tout cela n'est pas encore clair pour moi. Aussi n'ai-je jamais conclu à rien. Je ne suis pourtant pas insouciante là-dessus ; je vous confesse que le désir d'accorder une théorie quelconque avec mes sentiments a été la grande affaire et la grande douleur de ma vie. Les sentiments ont toujours été plus forts que les raisonnements, et les bornes que j'ai voulu me poser ne m'ont jamais servi à rien. J'ai changé vingt fois d'idée. J'ai cru par-dessus tout à la fidélité, je l'ai prêchée, je l'ai pratiquée, je l'ai exigée. On y a manqué et moi aussi. Et pourtant je n'ai pas senti le remords, parce que j'avais toujours subi dans mes infidélités une sorte de fatalité, un instinct de l'idéal, qui me poussait à quitter l'imparfait pour ce qui me semblait se rapprocher du parfait. J'ai connu plusieurs sortes d'amour. Amour d'artiste, amour de femme, amour de sœur, amour de mère, amour de religieuse, amour de poète, que sais-je ? Il y en a qui sont nés et morts en moi le même jour, sans s'être révélés à l'objet qui les inspirait. Il y en a qui ont martyrisé ma vie et qui m'ont poussée au désespoir, presque à la folie. Il y en a qui m'ont tenue cloîtrée durant des années dans un spiritualisme excessif. Tout cela a été parfaitement sincère. Mon être entrait dans ces phases diverses, comme le soleil, disait, Sainte-Beuve, entre dans les signes du Zodiaque. À qui m'aurait suivie en voyant la superficie, j'aurais semblé folle ou hypocrite ; à qui m'a suivie, en lisant au fond de moi, j'ai semblé ce que je suis en effet, enthousiaste du beau, affamée du vrai, très sensible de cœur, très faible de jugement, souvent absurde, toujours de bonne foi, jamais petite ni vindicative, assez colère et, grâce à Dieu, parfaitement oublieuse des mauvaises choses et des mauvaises gens.

« Voilà ma vie, cher ami, vous voyez qu'elle n'est pas fameuse. Il n'y a rien à admirer, beaucoup à plaindre, rien à condamner par les bons cœurs. J'en suis sûre, ceux qui m'accusent d'avoir été mauvaise en ont menti, et il me serait bien facile de le prouver, si je voulais me donner la peine de me souvenir et de raconter ; mais cela m'ennuie et je n'ai pas plus de mémoire que de rancune.

« Jusqu'ici, j'ai été fidèle à ce que j'ai aimé, parfaitement fidèle, en ce sens que je n'ai jamais trompé personne, et que je n'ai jamais cessé d'être fidèle sans de très fortes raisons, qui avaient tué l'amour en moi par la faute d'autrui. Je ne suis pas d'une nature inconstante. Je suis au contraire si habituée à aimer exclusivement qui m'aime bien, si peu facile à m'enflammer, si habituée à vivre avec des hommes sans songer que je suis femme, que vraiment j'ai été un peu confuse et un peu consternée de l'effet que m'a produit ce petit être. Je ne suis pas encore revenue de mon étonnement et si j'avais beaucoup d'orgueil, je serais très humiliée d'être tombée en plein dans l'infidélité de cœur, au moment de ma vie où je me croyais à tout jamais calme et fixée. Je crois que ce serait mal : si j'avais pu prévoir, raisonner, et combattre cette irruption ; mais j'ai été envahie tout à coup, et il n'est pas dans ma nature de gouverner mon être par la raison quand l'amour s'en empare. Je ne me fais donc pas de reproche, mais je constate que je suis encore très impressionnable et plus faible que je ne croyais. Peu m'importe, je n'ai guère de vanité ; ceci me prouve que je dois n'en avoir pas du tout et ne jamais me vanter de rien, en fait de vaillance et de force. Cela ne m'attriste que parce que voilà ma belle sincérité, que j'avais pratiquée si longtemps et dont j'étais un peu fière, entamée et compromise. Je vais être forcée de mentir comme les autres. Je vous assure que ceci est plus mortifiant pour mon amour-propre qu'un mauvais roman ou une pièce sifflée ; j'en souffre un peu : cette souffrance est un reste d'orgueil peut-être ; peut-être est-ce une voix d'en haut qui me crie qu'il fallait veiller davantage à la garde de mes yeux et de mes oreilles, et de mon cœur surtout. Mais si le ciel nous veut fidèles aux affections terrestres, pourquoi laisse-t-il quelquefois les anges s'égarer parmi nous et se présenter sur notre chemin ?

« La grande question de l'amour est donc encore soulevée en moi ! Pas d'amour sans fidélité, disais-je il y a deux mois, et il est bien certain, hélas ! que je n'ai plus senti la même tendresse pour ce pauvre M(allefille) en le retrouvant. Il est certain que depuis qu'il est retourné à Paris (vous devez l'avoir vu), au lieu d'attendre son retour avec impatience et d'être triste loin de lui, je souffre moins et respire plus à l'aise. Si je croyais que la vue fréquente de C(hopin) dût augmenter ce refroidissement, je sens qu'il y aurait pour moi *devoir* à m'en abstenir.

« Voilà où je voulais en venir, c'est à vous parler de cette question de possession, qui constitue dans certains esprits toute la question de fidélité. Ceci est, je crois, une idée fausse ; on peut être plus ou moins infidèle, mais quand on a laissé envahir son âme et accordé la plus simple caresse, avec le sentiment de l'amour, l'infidélité est déjà consommée, et le reste est moins grave ; car qui a perdu le cœur a tout perdu. Il vaudrait mieux perdre le corps et garder l'âme tout entière. Ainsi, *en principe,* je crois qu'une consécration complète du nouveau lien n'aggrave pas beaucoup la faute ; mais, en fait, il est possible que l'attachement devienne plus humain, plus violent, plus dominant, après la possession. C'est même probable, c'est même certain. Voilà pourquoi, quand on veut vivre ensemble, il ne faut pas faire outrage à la nature et à la vérité, en reculant devant une union complète ; mais quand on est forcés de vivre séparés, sans doute il est de la prudence, par conséquent il est du devoir et de la vraie vertu (qui est le sacrifice) de s'abstenir. Je n'avais pas encore réfléchi à cela sérieusement et, s'il l'eût demandé à Paris, j'aurais cédé, par suite de cette droiture naturelle qui me fait haïr les précautions, les restrictions, les distinctions fausses et les subtilités, de quelque genre qu'elles soient. Mais votre lettre me fait penser à couler à fond cette résolution-là. Puis, ce que j'ai éprouvé de trouble et de tristesse en retrouvant les caresses de M(allefille), ce qu'il m'a fallu de courage pour le cacher, m'est aussi un avertissement. Je suivrai donc votre conseil, cher ami. Puisse ce sacrifice être une sorte d'expiation de l'espèce de parjure que j'ai commis.

« Je dis sacrifice, parce qu'il me sera pénible de voir souffrir cet ange. Il a eu jusqu'ici beaucoup de force ; mais je ne suis pas un enfant. Je voyais bien que la passion humaine faisait en lui des progrès rapides et qu'il était temps de nous séparer. Voilà pourquoi, la nuit qui a précédé mon départ, je n'ai pas voulu rester avec lui et je vous ai presque renvoyés.

« Et puisque je vous dis tout, je veux vous dire qu'une seule chose en lui m'a déplu ; c'est qu'il avait eu lui-même de mauvaises raisons pour s'abstenir. Jusque-là, je trouvais beau qu'il s'abstînt par respect pour moi, par timidité, même par fidélité pour une autre. Tout cela était du sacrifice, et par conséquent de la force et de la chasteté bien entendues. C'était là ce qui me charmait et me séduisait le plus en lui. Mais chez vous, au moment de nous quitter, et comme il voulait surmonter une dernière tentation, il m'a dit deux ou trois paroles qui n'ont pas répondu à mes idées. Il semble faire *fi*, à la manière des dévots, des grossièretés *humaines* et rougir des tentations qu'il avait eues, et craindre de souiller notre amour par un transport de plus. Cette manière d'envisager le dernier embrassement de l'amour m'a toujours répugné. Si ce dernier embrassement n'est pas une chose aussi sainte, aussi pure, aussi dévouée que le reste, il n'y a pas de vertu à s'en abstenir. Ce mot d'amour physique dont on se sert pour exprimer ce qui n'a de nom que dans le ciel, me *déplaît* et me *choque*, comme une impiété et comme une idée fausse en même temps. Est-ce qu'il peut y avoir, pour les natures élevées, un amour purement physique et pour les natures sincères un amour purement intellectuel ? Est-ce qu'il y a jamais d'amour sans un seul baiser et un baiser d'amour sans volupté ? *Mépriser la chair* ne peut être sage et utile qu'avec les êtres qui ne sont que *chair* ; mais avec ce qu'on aime, ce n'est pas du mot *mépriser,* mais du mot *respecter* qu'il faut se servir quand on s'abstient. Au reste, ce ne sont pas là les mots dont il s'est servi. Je ne me les rappelle pas bien. Il a dit, je crois, que *certains faits* pouvaient gâter le souvenir. N'est-ce pas, c'est une bêtise qu'il a dite, et il ne le pense pas ? Quelle est donc la malheureuse femme qui lui a laissé de l'amour physique de pareilles impressions ? Il a donc eu une maîtresse indigne de lui ? Pauvre ange. Il faudrait pendre toutes les femmes qui avilissent aux yeux des hommes la chose la plus respectable et la plus sainte de la création, le mystère divin, l'acte de la vie le plus sérieux et le plus sublime dans la vie universelle. L'aimant embrasse le fer, les animaux s'attachent les uns aux autres par la différence des sexes. Les végétaux obéissent à l'amour, et l'homme qui seul sur ce monde terrestre a reçu de Dieu le don de sentir divinement ce que les animaux, les plantes et les métaux sentent matériellement, l'homme chez qui l'attraction électrique se transforme en une attraction sentie, comprise, intelligente, l'homme seul regarde ce miracle qui s'accomplit simultanément dans son âme et dans son corps, comme une misérable nécessité, et il en parle avec mépris, avec ironie ou avec honte ! Cela est bien étrange. Il est résulté de cette manière de séparer l'esprit de la chair qu'il a fallu des couvents et des mauvais lieux.

« Voici une lettre effrayante. Il vous faudra six semaines pour la déchiffrer. C'est mon *ultimatum*. S'il est heureux ou doit être heureux par *elle, laissez-le* faire. S'il doit être malheureux, *empêchez-le*. S'il peut être heureux par moi, sans cesser de l'être par *elle, moi je puis faire de même de mon côté*. S'il ne peut être heureux par moi sans être malheureux avec elle, *il faut que nous nous évitions et qu'il m'oublie*. Il n'y a pas à sortir de ces quatre points. Je serai forte pour cela, je vous le promets, car il s'agit de *lui,* et si je n'ai pas grande vertu pour moi-même, j'ai grand dévouement pour ce que j'aime. Vous me direz nettement la vérité ; j'y compte et je l'attends.

« Il est absolument inutile que vous m'écriviez une lettre ostensible. Nous n'en sommes pas là, M(allefille) et moi. Nous nous respectons trop pour nous demander compte, même par la pensée, des détails de notre vie...

« Il a été question pour moi d'aller à Paris, et il n'est pas encore impossible que mes affaires, dont M(allefille) s'occupe maintenant, venant à se prolonger, j'aille le rejoindre. N'en dites rien au *petit*. Si j'y vais, je vous avertirai et nous lui ferons une surprise. Dans tous les cas, comme il vous faut du temps pour obtenir la liberté de vous déplacer, commencez vos démarches, car je vous veux à Nohant cet été, le plus tôt et le plus longtemps possible. Vous verrez que vous vous y plairez ; il n'y a pas un mot de ce que vous craignez. Il n'y a pas d'espionnage, pas de propos, il n'y a pas de province ; c'est une oasis dans le désert. Il n'y a pas une âme dans le département qui sache ce que c'est qu'un Chopin ou un Grzymala. Nul ne sait ce qui se passe chez moi. Je ne vois que des amis *intimes*, des anges comme vous, qui n'ont jamais eu une mauvaise pensée sur ce qu'ils aiment. Vous viendrez, mon cher bon, nous causerons à l'aise et votre âme abattue se régénérera à la campagne. Quant au *petit*, il viendra s'il veut ; mais, dans ce cas-là, je voudrais être avertie d'avance, parce que j'enverrai M(allefille) soit à Paris, soit à Genève. Les prétextes ne manqueront pas et les soupçons ne lui viendront jamais. Si le *petit* ne veut pas venir, laissez-le à ses idées ; il craint le monde, il craint je ne sais quoi. Je respecte chez les êtres que je chéris tout ce que je ne comprends pas. Moi, j'irai à Paris en septembre avant le grand départ. Je me conduirai avec lui selon ce que vous allez me répondre. Si vous n'avez pas la solution des problèmes que je vous pose, tâchez de la tirer de lui, fouillez dans son âme, il faut que je sache ce qui s'y passe.

« Mais maintenant vous me connaissez à fond. Voici une lettre comme je n'en écris pas deux en dix ans. Je suis si paresseuse et je déteste tant à parler de moi. Mais ceci m'évitera d'en parler davantage. Vous me savez par cœur maintenant et vous pouvez *tirer à vue sur moi* quand vous réglerez les comptes de la Trinité.

« À vous, cher bon, à vous de toute mon âme, je ne vous ai pas parlé de vous en apparence dans toute cette longue causerie, c'est qu'il m'a semblé que je parlais de moi à un autre *moi*, le meilleur et le plus cher des deux, à coup sûr.

« George Sand. »

Admirons avant tout comment la femme conduit sa bataille, de telle sorte qu'elle reste victorieuse nécessairement, quels que soient les attaques ou les replis de l'adversaire. Tout est prévu, arrangé, admis, sauf de ne pas devenir l'amant de George Sand. Et du reste elle devait bien savoir que cette *Russie* qu'elle feignait de redouter, avait rendu les armes, que Chopin l'avait secouée de son cœur fier.

Mais une telle lettre, un si rare document psychologique, mérite de figurer tout entier au dossier de cet amour. L'être y devient clairement lisible, même — surtout peut-être — dans ce qu'il croit cacher. On y touche l'intelligence ; on y pèse la bonté un peu lourde, derechef maternelle, *pélicane* ; on y admire ce désir aux lèvres humides d'une femme de trente-quatre ans pour l'« enfant » de vingt-huit, qui en paraissait moins encore et grisait par sa pureté, dont raffolait cette voluptueuse. Elle appelait ça « faire son devoir ». Le tout est de bien choisir ses mots. Elle avouait aussi : « il me fallait chérir ou mourir », ce qui est moins prétentieux.

Disons enfin que Chopin lui-même sollicitait une belle tendresse généreuse après le pauvre petit roman tout sec qu'il venait de cacheter dans une enveloppe. Il avait besoin de soins aussi. George commença par l'envoyer chez le docteur Gaubert, qui l'ausculta et jura qu'il n'était pas phtisique. Mais il lui fallait de l'air, de la promenade, du repos. Les nouveaux amants se mirent en quête d'une solitude.

On apprit bientôt à Paris que la romancière était partie avec ses trois enfants : Maurice, Solange et Chopin pour les îles Baléares.

CHAPITRE ONZE
LA CHARTREUSE DE VALDEMOSA

À vrai dire, ils se sont donné rendez-vous à Perpignan, parce qu'il déplaît à l'âme décente de Chopin d'afficher son départ, de proclamer cette bonne fortune retentissante. Peut-être aussi George veut-elle ménager l'orgueil du pauvre Mallefille. Ils partent donc chacun de son côté et se retrouvent à Perpignan dans les deux derniers jours d'octobre. George est heureuse, paisible. Elle a voyagé lentement, visité des amis en cours de route, passé par Lyon, Avignon, Vaucluse, le Pont du Gard. Au surplus, il ne s'agit pas tant pour elle de voyager que de partir, de chercher — comme elle le dit toujours dans ces occasions-là — quelque nid pour aimer ou quelque gîte pour mourir. Sans doute se souvient-elle à peine d'avoir fait le même trajet avec Musset, quatre ans auparavant, lorsqu'ils avaient rencontré le gros Stendhal-Beyle sur le bateau à vapeur. Chopin, lui, ne s'est pas arrêté en chemin : quatre jours et quatre nuits de malle-poste héroïquement supportés. Aussi débarque-t-il « frais comme une rose et rose comme un navet ». Grzymala, Matuszinski et Fontana seuls sont au courant de ce voyage qu'il tient à cacher, même à ses parents en Pologne. Pour le courrier, Fontana se charge de faire l'intermédiaire. Chopin a quelque argent en poche parce qu'il a vendu à Pleyel ses *Préludes* moyennant deux mille francs, dont il a touché le quart.

Donc, ils s'embarquent tous pour Barcelone à bord du *Phénicien,* sur « la mer la plus bleue, la plus pure, la plus unie ; on dirait d'une mer de Grèce ou d'un lac de Suisse par le plus beau jour », écrit George à son amie Marliani juste avant le départ. Arrêt de quelques jours à Barcelone, où ils visitent les ruines du palais de l'inquisition.

Puis, nouvel embarquement sur *l'El Mallorquin*. La traversée se fait par une nuit phosphorescente et tiède. À bord, tout sommeille, sauf Chopin, Sand et le timonier qui chante, mais d'une voix « si douce et si ménagée, » qu'il semble lui-même à moitié endormi. Chopin écoute cette mélopée qui ressemble à ses improvisations vagues. « La voix de la contemplation », dit George. Ils abordent à Palma de Majorque au matin, devant une côte escarpée dont le sommet est dentelé d'aloès et de palmiers. Mais, apprenant avec stupeur qu'il n'y a pas d'hôtel, pas même de chambres où l'on puisse s'installer, ils vont trouver le consul de France et, grâce à lui, parviennent à dénicher la maison d'un certain señor Gomez. Elle est située en dehors de la ville, dans une vallée d'où l'on aperçoit au loin Palma aux murs jaunes et sa cathédrale. Cette oasis inconfortable, qu'il faut meubler et pourvoir de tous les accessoires, se nomme *la Maison du Vent*. Les voyageurs en sont d'abord dans l'enthousiasme.

« Le ciel est en turquoise, écrit Chopin à Fontana, la mer en lapis-lazuli, les montagnes en émeraudes. L'air est comme au ciel. Le jour, il y a du soleil, il fait chaud et tout le monde s'habille comme en été. La nuit, on entend partout des chants et des guitares pendant des heures entières. Énormes balcons d'où les pampres retombent ; maisons arabes... La ville, comme tout ici, rappelle l'Afrique. Bref, une vie délicieuse. Mon cher Jules, va chez Pleyel, car le piano n'est pas encore arrivé. Par quelle voie l'a-t-on expédié ? Dis-lui qu'il recevra bientôt *les Préludes*. Je vivrai probablement dans une ravissante chartreuse, dans le pays le plus beau du monde ; la mer, des montagnes, des palmiers, un cimetière, une église des Croisés, une ruine de mosquée, des oliviers millénaires... Ah ! cher ami, je jouis à présent un peu plus de la vie ; je suis tout près de ce qui est le plus beau du monde, je suis un homme meilleur. »

Cette *Maison du Vent* se louait 100 francs par mois. Mais comme elle ne correspond pas complètement à leur appétit d'isolement, qu'ils veulent quelque chose de plus *artiste,* de plus rare, ils obtiennent dans la chartreuse même de Valdemosa, à deux lieues de là, trois pièces et un jardin plein d'oranges pour trente-cinq francs l'an. « C'est la poésie, c'est la solitude, c'est tout ce qu'il y a de plus *chiqué* sous le ciel ; et de quel ciel ! quel pays ! nous sommes dans le ravissement », écrit Sand. Cette joie se traduit tout de suite par de trop longues promenades. Chopin s'éreinte, se déchire les pieds aux cailloux des sentiers, s'enrhume dès la première pluie. À peine arrivé depuis quelques jours il est forcé de s'aliter avec une grosse bronchite. Et la tuberculose un moment enrayée, reprend, malgré une chaleur de 18 degrés, malgré les roses, les citronniers, les palmiers, les figuiers en fleurs. « Les trois médecins les plus célèbres de l'île se sont réunis pour une consultation ; l'un flairait ce que j'avais expectoré ; l'autre martelait là d'où j'avais expectoré ; le troisième auscultait pendant que j'expectorais. Le premier dit que je crèverais, le second que je crèverais, le troisième que j'étais déjà crevé. Et cependant je vis comme je vivais par le passé... Je ne puis pardonner à Jeannot (Matuszinski) de ne m'avoir donné aucun conseil par rapport à cet état de bronchite aiguë qu'il aurait dû prévoir chez moi. C'est à grand peine que je pus échapper à leurs saignées, leurs vésicatoires et autres opérations semblables. Grâce à Dieu, je suis redevenu moi-même. Mais ma maladie fit du tort à mes *Préludes*, que tu recevras Dieu sait quand... Dans quelques jours j'habiterai le plus bel endroit du monde : la mer, des montagnes, tout ce qu'on peut souhaiter. Nous irons vivre dans un énorme vieux couvent en ruines et délaissé des chartreux, que Mendizabal semble avoir expulsés exprès pour moi. C'est tout près de Palma et rien de plus merveilleux : des cellules, un cimetière des plus poétiques... Enfin je sens que je m'y trouverai bien. Seul mon piano me manque encore. J'ai écrit directement à Pleyel, rue Rochechouart. Demande-le-lui et dis-lui que je suis tombé malade le lendemain de mon arrivée, mais que je vais déjà mieux. Parle peu en général de moi et de mes manuscrits... Ne dis à personne que j'ai été malade, on ne ferait que potiner là-dessus. »

Voilà George à son affaire. Elle a de quoi s'occuper. Elle écrit, pourvoit au ménage aussi bien qu'à ses romans, explore les boutiques de la petite ville, donne des leçons à ses deux enfants et soigne le troisième qui la réclame à tout bout de champ. « Il revient sur l'eau de jour en jour et j'espère qu'il sera mieux qu'auparavant. C'est un ange de douceur et de bonté. » Mais la vie matérielle est de plus en plus difficile. On manque de tout, même de matelas, de draps, de casseroles. Il faut acheter un mobilier de fortune, écrire à Buloz, le directeur de la *Revue des Deux Mondes*, emprunter. Bientôt, la *Maison du Vent* devient inhabitable. Les murs en sont si minces que, sous les pluies d'automne, la chaux se gonfle comme une éponge. Pas de poêle, naturellement, comme dans tous les pays soi-disant chauds, et un manteau de glace s'abat sur les épaules des voyageurs. Il faut recourir à la chaleur asphyxiante des braseros. Le malade commence de souffrir beaucoup, tousse sans cesse, peut à peine s'alimenter, car il ne supporte pas les mets du pays et George se voit obligée de faire elle-même la cuisine. « Enfin, écrit-elle encore à son amie Marliani, notre voyage ici est, sous beaucoup de rapports, un fiasco épouvantable. Mais nous y sommes. Nous ne pourrions en sortir sans nous exposer à la mauvaise saison et sans faire coup sur coup de nouvelles dépenses. Et puis j'ai mis beaucoup de courage et de persévérance à me caser ici. Si la Providence ne me maltraite pas trop, il est à croire que le plus difficile est fait et que nous allons recueillir le fruit de nos peines. Le printemps sera délicieux, Maurice recouvrera sa belle santé... Solange est presque toujours charmante depuis qu'elle a eu le mal de mer ; Maurice prétend qu'elle a rendu tout son venin. »

Le malade, qu'on cache au fond de la pièce la moins humide, devient un objet d'horreur et d'épouvante pour la population. On refuse de le servir. Le señor Gomez, apprenant qu'il s'agit d'une affection de poitrine, exige le départ de ses locataires après un replâtrage, un reblanchissage complet de sa maison à leurs frais et un autodafé du linge et du mobilier. Le consul intervient, héberge pendant quelques jours la colonie misérable. Enfin, le 15 décembre, par une belle journée, ils prennent le chemin de leur chartreuse. Juste avant le départ, Chopin récrit à Fontana : « Je travaillerai dans la cellule de quelque vieux moine, qui avait peut-être dans son âme plus de feu que moi, et pourtant le modérait, l'étouffait, car il ne savait qu'en faire... Je pense pouvoir t'envoyer sous peu mes *Préludes* et la *Ballade*. »

Quant à George Sand, « je n'oublierai jamais, écrivait-elle plus tard, dans son *Hiver à Majorque* un certain détour de la gorge où, en se retournant on distingue, au sommet d'un mont, une de ces jolies maisonnettes arabes que j'ai décrites, à demi-cachée dans les raquettes de ses nopals, et un grand palmier qui se penche sur l'abîme en dessinant sa silhouette dans les airs. Quand la vue des boues et des brouillards de Paris me jette dans le spleen, je ferme les yeux et je revois comme dans un rêve cette montagne verdoyante, ces roches fauves et ce palmier solitaire perdu dans un ciel rose. »

La chartreuse de Valdemosa... Ce nom seul, associé à celui de Chopin et de Sand dans cette nature africaine, enclôt une image qui n'est plus seulement romantique et pittoresque, mais fixée comme un poème. C'est ici le lieu de leurs voluptés maladives. Nous en aimons encore la vision, combinée aux musiques où ce nordique poitrinaire jetait ses douceurs angoissées. Que serait donc Majorque dans l'histoire du rêve humain, sans ce campement d'un hiver pluvieux en l'année 1838 ? Cette île délaissée n'a pour toute valeur que sa chartreuse désaffectée, qui servit de prison pendant deux mois à un amour sans espérance. Car même en cherchant bien entre les lignes de leurs lettres, il ne s'y voit aucun bonheur. George essaye en vain de souffler sur son cœur fatigué, il n'en sort qu'une tendresse apitoyée, pleine des nostalgies que lui apporte par bouffées le souvenir des affreuses délices vénitiennes. Et Chopin, brisé par mille petites souffrances, mâle insuffisant et glorieux, sent jour par jour lui échapper les forces nécessaires au plaisir. De part et d'autre, les nerfs prennent le dessus. Le travail seul les délivre ; et la solitude, en les rivant ensemble, les sature de fraternité.

C'est tout un amas de constructions que la Valdemosa. On y pourrait loger un corps d'armée. Il y a l'habitation du supérieur, les cellules des frères convers, celles des oblats, et les trois cloîtres qui constituent le monastère proprement dit. Mais tout cela est vide, abandonné. Le plus ancien cloître est du XVe siècle, bordé de fenêtres gothiques où grimpent des plantes. Dans son milieu, se trouve le vieux cimetière des chartreux, sans monuments ni inscriptions. Quelques cyprès encadrent une grande croix en bois blanc et un puits ogival contre lequel ont poussé un laurier rose et un palmier nain. Un sacristain faunesque détient jalousement les clefs de toutes ces cellules closes. Bien que fort laid, ce gros satyre avait mis à mal une jeune fille qui faisait avec ses parents un séjour de quelques mois dans ces solitudes. Mais il disait pour s'excuser qu'il n'était chargé par l'État que de garder les vierges en peinture.

Les nouveaux cloîtres, encadrés de buis, renferment douze chapelles et une église garnie de boiseries sculptées et pavée de majoliques hispano-arabes. Un saint Bruno en bois peint, d'un style espagnol tout rustique, est le seul objet d'art de ce temple. Le dessin et la couleur en sont curieux et George Sand trouve à cette tête une expression de foi sublime, à ces mains un mouvement d'invocation pieuse et déchirante. « Je doute, dit-elle, que jamais le saint fanatique de Grenoble ait été compris et rendu avec un sentiment aussi profond et aussi ardent. C'était la personnification de l'ascétisme chrétien. » Hélas ! l'église est sans orgue, ainsi que le veut la règle des chartreux.

Sand, Chopin et les enfants occupent trois cellules spacieuses, voûtées, dont les murs ont trois pieds d'épaisseur. Elles s'ouvrent au midi sur un parterre planté de grenadiers, de citronniers, d'orangers. Dans ce salon de verdure et d'odeurs sont tracées des allées en briques. Et sur le seuil de ce jardin du silence, Chopin écrit à Fontana trois jours après Noël :

« Peux-tu m'imaginer ainsi : entre la mer et des montagnes dans une grande chartreuse délaissée, dans une cellule aux portes plus hautes que les portes cochères de Paris, point frisé, point ganté de blanc, mais pâle comme à l'ordinaire. La cellule ressemble à une bière ; elle est haute, avec un plafond poussiéreux. Les fenêtres sont petites... Mon lit est placé en face des fenêtres, sous une rosace mauresque filigranée. À côté du lit, quelque chose de carré ressemble à un bureau, mais l'usage en est fort problématique. Dessus, un lourd chandelier (c'est un grand luxe), avec une toute petite chandelle. Les œuvres de Bach, mes gribouillages et des manuscrits qui ne sont pas de moi — voilà tout mon mobilier. On peut crier bien fort sans que personne entende ; bref, je t'écris d'un lieu bien étrange. — La lune est merveilleuse ce soir, je ne l'ai jamais vue plus belle... La nature est ici bienfaisante, mais les hommes sont pillards. Ils ne voient jamais d'étrangers, c'est pour cela qu'ils ne savent pas ce qu'ils peuvent leur réclamer. Ainsi ils donnent gratis une orange, mais pour un bouton de culotte ils demanderont une somme fabuleuse. Sous ce ciel on se sent pénétré par un sentiment poétique qui semble émaner de tous les objets environnants. Des aigles planent tous les jours sur nos têtes sans que personne les dérange. »

Mais il a beau chercher à s'y plaire, ce décor un peu altier ne convient pas à Chopin. Il a trop le goût des habitudes intimes, des objets raffinés, pour se sentir à l'aise dans ces salles démeublées où l'esprit ne se repose sur rien. Et puis, malheureusement, ils sont tombés en pleine saison des pluies, et à Majorque elles sont diluviennes. L'air en est si relâché, qu'on se traîne lourdement dans cette humidité. Maurice et Solange se portent parfaitement, « mais le petit Chopin est bien accablé et tousse toujours beaucoup. J'attends pour lui avec impatience le retour du beau temps, qui ne peut tarder. » Son piano est enfin arrivé. Joie qui entraîne tous les pardons. Chopin travaille, compose, étudie. « Les voûtes de la chartreuse s'en réjouissent. Et tout cela n'est pas profané par l'admiration des sots. Nous ne voyons pas un chat, » sauf les naturels du pays, gens superstitieux et curieux, qui montent les uns après les autres vers ce monastère gardé par un moine et quelques Lucifers. Pour les apercevoir, on vient faire bénir les bêtes. C'est la fête des mulets, des chevaux, des ânes, des chèvres, des cochons. « Vrais animaux eux-mêmes, dit Sand, puants, grossiers et poltrons ; avec cela superbes, très bien costumés, jouant de la guitare et dansant le fandango... Moi, je passe pour vouée au diable parce que je ne vais pas à la messe, ni au bal, et que je vis seule dans la montagne, enseignant à mes enfants la clef des participes et autres gracieusetés... Au milieu de tout cela le ramage de Chopin qui va son joli train et que les murs de la cellule sont bien étonnés d'entendre. »

Un soir, ils ont une alerte et une apparition qui leur fait dresser les cheveux sur la tête. C'est d'abord un bruit inexplicable, comme celui de milliers de sacs de noix roulant sur un parquet. Ils se jettent hors de leurs cellules pour voir, mais le cloître est désert comme d'ordinaire. Le bruit se rapproche pourtant. Bientôt une faible lueur éclaire les voûtes, des torches paraissent, et c'est, dans une vapeur rouge, tout un bataillon d'êtres abominables : un maître diable cornu tout noir, à face couleur de sang, des diablotins à tête d'oiseau, des diablesses et des bergères en habits blancs et roses. Ce sont des villageois qui fêtent le mardi-gras et viennent établir leur bal dans une cellule. Le bruit qui accompagne leur procession est celui des castagnettes, que les gamins font battre sur un rythme roulant et continu. Ils l'interrompent tout à coup pour chanter à l'unisson une *coplita*, sur une phrase musicale qui recommence toujours et semble devoir ne jamais finir.

Tout cela secoue les nerfs du pauvre Chopin. Et surtout quand Maurice et Solange disparaissent dans les profondeurs sonores du monastère, ou que George l'abandonne pour faire des excursions pendant d'entières journées. Alors le cloître désert lui apparaît plein de fantômes. Au retour de ses explorations nocturnes dans les ruines, George le surprend devant son piano, pâle, les yeux hagards, et il lui faut quelques instants pour la reconnaître. C'est alors pourtant, après ou pendant ces crises d'exaltation nerveuse, qu'il compose quelques-unes de ses plus belles pages.

Sand affirme que plusieurs des *Préludes* sont nés de ces angoisses. « Il y en a un, raconte-t-elle, qui lui vint par une soirée de pluie lugubre et qui jette dans l'âme un abattement effroyable. Nous l'avions laissé bien portant ce jour-là, Maurice et moi, pour aller à Palma acheter des objets nécessaires à notre campement. La pluie était venue, les torrents avaient débordé ; nous avions fait trois lieues en six heures pour revenir au milieu de l'inondation, et nous arrivions en pleine nuit, sans chaussures, abandonnés par notre voiturier à travers des dangers inouïs. Nous nous hâtions en vue de l'inquiétude de notre malade. Elle avait été vive en effet ; mais elle s'était comme figée en une sorte de désespérance tranquille, et il jouait son admirable prélude en pleurant. En nous voyant entrer, il se leva en jetant un grand cri, puis il nous dit d'un air égaré et d'un ton étrange : « Ah ! je le savais bien que vous étiez morts ! » Quand il eut repris ses esprits et qu'il vit l'état où nous étions, il fut malade du spectacle rétrospectif de nos dangers ; mais il m'avoua ensuite qu'en nous attendant il avait vu tout cela dans un rêve, et que, ne distinguant plus ce rêve de la réalité, il s'était calmé et comme assoupi en jouant du piano, persuadé qu'il était mort lui-même. Il se voyait noyé dans un lac ; des gouttes d'eau pesantes et glacées lui tombaient en mesure sur la poitrine, et quand je lui fis écouter ces gouttes d'eau qui tombaient en effet en mesure sur le toit, il nia les avoir entendues. Il se fâcha même de ce que je traduisais par le mot d'harmonie imitative. Il protestait de toutes ses forces, et il avait raison, contre la puérilité de ces imitations pour l'oreille. Son génie était plein des mystérieuses harmonies de la nature, traduites par des équivalents sublimes dans sa pensée musicale et non par une répétition servile de sons extérieurs. Sa composition de ce soir-là était bien pleine des gouttes de pluie qui résonnaient sur les tuiles sonores de la chartreuse, mais elles s'étaient traduites dans son imagination et dans son chant par des larmes tombant du ciel sur son cœur. »

On a recherché quel pouvait être ce *prélude*. Les uns désignent le n° 6, en si mineur ; d'autres le n° 8, en fa dièse mineur, ou le n° 15, en ré bémol majeur, ou le 17e, ou le 19e. À notre avis, le doute n'est pas possible. Il s'agit bien du *Sixième prélude*, où la goutte de la douleur tombe avec une lenteur et une régularité inexorables sur le crâne de l'homme. Mais peu importe après tout. Chacun le retrouvera où il voudra, selon son imagination propre. Laissons à la musique ce bénéfice singulier, de s'adapter à nous plus que nous-même à elle ; d'être l'Ariel qui sert notre fantaisie. C'est le cas de rappeler le mot de Beethoven : « Tu dois tout créer en toi-même. » Liszt, si amateur de psychologie et d'esthétique, a dit qu'en véritable musicien Chopin se contentait d'extraire *le sentiment* des tableaux qu'il voyait, négligeant la plastique, « l'écorce pittoresque, qui ne s'assimilait pas à la forme de son art et n'appartenait pas à sa sphère plus spiritualisée. » Puis, faisant un retour sur ce crépuscule pluvieux où son ami avait composé une si belle mélodie, il se demande si George Sand a su y voir la détresse amoureuse de Chopin, la fièvre de cette âme surexcitée ; si le génie de cette femme masculine a su atteindre « aux plus humbles grandeurs du cœur, à ces holocaustes de soi-même qui ont le droit de s'appeler dévouement. » Il est probable que non. Elle n'a inspiré aucun chant à l'oiseau merveilleux. Le seul qui lui soit venu par elle, est cet instant d'angoisse et de douleur.

Le lendemain, il rejoua, il commenta, il paracheva cette expression unique envolée de ses profondeurs. Mais elle ne la comprit pas davantage. Tout ce qu'il y avait d'incompatible entre ces deux natures se révèle ici. « Son cœur à lui, dit Liszt, éclatait et se brisait à la pensée de perdre celle qui venait de le rendre à la vie. Son esprit à elle, ne voyait qu'un passe-temps amusant dans une course aventureuse dont le péril ne contrebalançait pas l'attrait de nouveauté. Quoi d'étonnant si cet épisode de sa vie française fut le seul dont l'impression se retrouve dans les œuvres de Chopin ? Après cela il fit dans son existence deux parts distinctes. Il continua longtemps à souffrir dans le milieu trop réaliste, presque grossier, où s'était engouffré son tempérament frêle et sensitif ; puis, il échappait au présent dans les régions impalpables de l'art, s'y réfugiant parmi les souvenirs de sa première jeunesse, dans sa chère Pologne, que seule il immortalisait en ses chants. »

Chopin prend bientôt Majorque en horreur. Il se sent gravement malade. De plus, il goûte peu la campagne et moins encore cette chartreuse espagnole où son imagination ne trouve pas ces tiédeurs intimes et citadines parmi lesquelles, seules, elle peut s'épanouir. Son esprit est écorché vif ; « le pli d'une feuille de rose, l'ombre d'une mouche le font saigner ». Il meurt de l'impatience du départ. Et Sand, elle aussi, confesse que « ces intervalles poétiques qu'on met dans sa vie ne sont que des temps de transition, un repos permis de l'esprit avant qu'il reprenne *l'exercice des émotions.* » Soulignons ces mots si lumineux pour l'explication des caractères. Valdemosa est pour cette femme déçue un entr'acte poétique, un temps d'attente. Déjà elle ne songe qu'à reprendre l'exercice de ses sensations, alors que pour Chopin sa vie est faite, ses émotions épuisées. Il n'est plus qu'un bien vers lequel il aspire : l'immense repos du travail. « Pour l'amour de Dieu, écris », enjoint-il à Fontana. « Je t'envoie les *Préludes,* recopie-les avec Wolf. Je pense qu'il n'y a pas de faute. Tu donneras une copie à Probst (éditeur) et le manuscrit à Pleyel. Avec les 1.500 francs que Pleyel te versera, tu payeras le loyer de mon appartement jusqu'au 1er janvier, c'est-à-dire 450 francs ; tu donneras congé si tu penses pouvoir en trouver un autre pour avril... »

Cela sent le retour et comme une odeur de Paris. C'est qu'à la chartreuse, la vie devient vraiment insupportable. Une domestique les quitte en jurant qu'ils sont pestiférés. Ils ont toutes les peines du monde à se procurer des aliments, grâce à la mauvaise foi des paysans, qui leur font payer toutes choses dix fois le prix qu'elles valent. On leur vole le mince lait de chèvre destiné à Chopin. Personne ne consent à servir le poitrinaire, dont la santé empire. Leurs vêtements mêmes moisissent sur eux. Il ne reste qu'à fuir cette terre au cœur dur.

Enfin ils plient bagage, clouent leurs caisses, et se voient refuser une voiture pour descendre à Palma. Il leur faut faire trois lieues en *birlocho*, une sorte de brouette, Chopin pouvant à peine souffler. À Palma, il est pris d'un crachement de sang épouvantable. Ils s'embarquent néanmoins sur l'unique bateau de l'île, où grouillent déjà une centaine de cochons. On donne à l'artiste la plus mauvaise couchette, disant qu'il faudrait la brûler. Le lendemain, à Barcelone, il crache le sang à pleine cuvette et se traîne comme un spectre. Mais c'est la fin de leurs misères. Le consul et le commandant de la station maritime française les hospitalisent et les font transborder sur un brick de guerre, *le Méléagre*, dont le médecin parvient à arrêter l'hémorragie de Chopin.

Ils se reposent huit jours dans une auberge. Le 15 février 39, George écrit à Mme Marliani : « Ma bonne chérie, me voici à Barcelone. Dieu fasse que j'en sorte bientôt et que je ne remette jamais le pied en Espagne ! C'est un pays qui ne me convient sous aucun rapport... Lisez à Grzymala ce qui concerne Chopin et qu'il n'en parle plus, car avec les bonnes espérances que le médecin me donne, il est inutile d'alarmer sa famille. »

Quelques jours plus tard ils débarquent à Marseille. C'est le bonheur.

« Enfin, chère, me voici en France... Un mois de plus et nous mourions en Espagne, Chopin et moi ; lui de mélancolie et de dégoût, moi de colère et d'indignation. Ils m'ont blessée dans l'endroit le plus sensible de mon cœur, ils ont percé à coups d'épingles un être souffrant sous mes yeux, jamais je ne leur pardonnerai et si j'écris sur eux, ce sera avec du fiel. »

Et à François Rollinat, le vrai confident de sa vie : « Cher ami, je ne voudrais pas apprendre que tu as souffert autant que moi durant cette absence... » Voilà le beau retour de cette lune de miel.

CHAPITRE DOUZE

« IF MUSIC BE THE FOOD OF LOVE, PLAY ON » SHAKESPEARE

Nietzsche, dans un très sombre jour, écrivait à une amie : « n'est-ce pas une œuvre d'art : espérer ? » En débarquant à Marseille dans cet avant-printemps de 1839, Chopin et George Sand font œuvre d'artiste parce qu'ils espèrent, parce qu'ils sont remplis de cet enthousiasme inexplicable que donnent les choses les plus banales en certaines heures prédestinées. Il leur suffit de rien : une lettre attendue, un beau visage, l'ombre d'une église sur la rue, les paroles rassurantes d'un docteur, pour savoir que voici l'aube d'une convalescence qui va sécher leur amour presque pourri et le mûrir, le transmuer en une paisible et durable amitié. Il ne faut parfois qu'un paysage de hasard pour changer tout le rythme des âmes.

À Majorque, on pouvait se demander si la chartreuse abandonnée n'était pas une sorte de Purgatoire d'où Sand explorait les Enfers tandis que le malade se sentait déjà monter vers le Ciel. « Ce Chopin est un ange, avait écrit George : il a fait à Majorque, étant malade à mourir, de la musique qui sentait le Paradis à plein nez ; mais je suis tellement habituée à le voir dans le Ciel qu'il ne me semble pas que sa vie ou sa mort prouve quelque chose pour lui. Il ne sait pas lui-même dans quelle planète il existe. »

À Marseille, bonne ville d'épiciers, de parfumeurs, de marchands de savon, on reprend pied sur terre. Ils s'installent à l'hôtel de Beauvau, voient un médecin et décident d'attendre l'été dans le Midi. Ce n'est pas sans un peu d'ennui qu'ils s'y résolvent, mais l'ennui lui-même contribue au repos, si nécessaire après les fatigues de leur voyage d'amour raté. De plus, il faut se barricader contre le mistral et les fâcheux qui s'introduisent par toutes les portes. Mais ils se font passer pour morts. Le docteur Cauvières ausculte Chopin régulièrement, lui fait porter des vésicatoires, le met au régime et le déclare en bonne voie de cicatrisation. Il peut recommencer à jouer, à marcher, à parler comme tout le monde, lui dont la voix, depuis des semaines, n'était déjà plus qu'un souffle. Il dort beaucoup. Il s'occupe de l'édition de ses œuvres, écrit à Fontana au sujet de leurs dédicaces et discute avec lui le prix de ses compositions nouvelles. Car il faut penser à l'avenir, à l'appartement parisien qu'il est décidé à reprendre : « Tu porteras à Schlesinger les 500 francs que tu recevras de Probst pour la Ballade. » — « Schlesinger essaye de me duper, mais il gagne assez avec moi ; sois poli avec lui. » — « Tu lui diras que je donne la Ballade pour la France et l'Angleterre pour 800 francs, et les Polonaises pour l'Allemagne, l'Angleterre et la France moyennant 1.500 fr. » Il se fâche. Il tient tête aux éditeurs et ne veut rien céder. « Pour l'argent, tu dois faire un contrat clair et ne remettre les manuscrits que contre argent comptant... » — « Je préférerais donner mes manuscrits comme autrefois, à bas prix, plutôt que de me courber devant ces... » Il revient à la charge en avril : « Garde tout jusqu'à mon retour puisqu'ils sont si juifs. J'ai vendu les *Préludes* à Pleyel et n'ai encore reçu que 500 francs. Il a le droit d'en faire ce qu'il lui plaît. Quant aux *Ballades* et aux *Polonaises*, ne les vends ni à Schlesinger ni à Probst... Reprends-les... Assez. Assez pour toi et pour moi. Ma santé s'améliore, mais je suis en colère. Ce n'est pas ma faute si je suis semblable à un champignon qui t'empoisonne quand tu le déterres et le goûtes. Tu sais bien que je n'ai jamais été utile à personne, pas même à moi... Au demeurant, on continue de ne pas me tenir pour un poitrinaire. Je ne bois ni café, ni vin, seulement du lait. Je me tiens au chaud et j'ai l'air d'une demoiselle. »

Au mois de mars, le fameux chanteur Nourrit était mort à Naples ; l'on disait qu'il s'était suicidé. On ramena son corps à Marseille le mois suivant et un service funèbre fut organisé à Notre-

Dame-du-Mont. Pour honorer la mémoire de cet ami qu'il a si souvent rencontré chez Liszt, et même reçu chez lui, Chopin accepte de tenir l'orgue pendant l'élévation. Bien que l'instrument soit faux et criard, il en tire tout le parti possible. Il joue *Les Astres*, de Schubert, que Nourrit avait chantés peu de temps avant, à Marseille ; et, renonçant à tout effet, l'artiste interprète cette mélodie sur les registres les plus doux. George est dans la tribune de l'orgue avec quelques amis, et ses beaux yeux se remplissent de larmes. Le public ne reconnaît pas la romancière dans cette petite personne en robe noire.

Au mois de mai, Chopin est assez valide pour entreprendre avec sa maîtresse un court voyage à Gênes. C'est une belle éclaircie. Ils visitent les palais, les jardins en terrasses, les tableaux. Pense-t-elle au voyage d'il y a bientôt quatre ans, lorsqu'avec Musset ils abordèrent pour la première fois cette terre italienne ? Gênes est peut-être la seule ville où leur amour n'ait pas été troublé. Elle a écrit que ce revoir fut un plaisir. Je ne sais s'il est sincère, mais le mot sonne bien mal. On voit pourtant comme une ride de fatigue dans cet aveu fait, au retour, à Mme Marliani : « Je n'aime plus les voyages, ou plutôt *je ne suis plus dans les conditions où je pouvais les aimer* ». On veut croire aussi que Chopin ignorait tout de ce premier séjour gênois, car, pour un cœur ombrageux, pareille vision eût été affreuse.

Le 22 mai, ils quittent Marseille et se mettent en route pour Nohant où ils comptent passer tout l'été. Après une semaine de cahots ils arrivent enfin dans ce Berry large et bien cultivé, « semé de gros noyers ronds » et coupé de chemins ombragés que George affectionne. Subitement, c'est le village modeste, l'église au toit de tuiles, et, tout en bordure de la place, le château. Un château paysan qui symbolise la double origine royale et plébéienne de cette femme de trente-cinq ans, que l'Europe admire, et qui ramène au nid son *petit*, son nouveau petit, un jeune homme noble et diaphane qui semble tombé dans ces vieilles campagnes françaises comme un oiseau des mers.

Chère femme, faut-il t'admirer pour le temps de repos que tu accordes à cette belle âme exténuée ? On sait bien que tu lui fus mauvaise, parfois, puisque tu étais saine, ardente, et curieuse malgré tout de cette pensée inviolable, de ces membres sans désir. Mais on a vu aussi que tu savais ton rôle de soigneuse. « Qui soignerais-je ? » t'écriais-tu quand ton autre malade t'eût quittée parce qu'il ne supportait plus les souffrances où tu retrempais ton plaisir. Chère femme quand même ! Il ne faut pas te juger aux communes mesures, toi qui eus le sang chaud et le cœur toujours si vite repu, à force de le sentir affamé. L'énorme labeur que tu as fourni n'a été que le dérivatif de tes énergies. On t'a chargée de travaux. On t'a fatiguée comme un homme. Tu ne trouvais jamais trop bêtes ces horribles tâches de l'esprit par où l'on prétendait t'arracher une morale élastique et libertaire quand tu n'étais faite que pour l'amour, les gésines et le vieil ordre humain. Tout cela est un peu risible, et triste comme la vérité. Mais il faut te savoir gré, cependant, d'avoir quelque peu achevé Musset et rompu ce blondin facile aux saines douleurs. Nous ne t'en voudrons pas, comme d'autres, d'avoir usé Chopin. Tu l'as disputé longtemps à la maladie. Si tu l'as brisé davantage, c'est que ton amitié même était coûteuse. Toutefois c'est ce que tu pouvais donner de mieux.

Et maintenant que nous t'avons vue entrer à Nohant avec cette proie neuve pour ta tendresse, disons comme Shakespeare : « If music be the food of love, play on. »

Chopin n'a jamais aimé la campagne. Il se plaît pourtant à Nohant. La maison est confortable. Après Majorque et Marseille, c'est un plaisir d'avoir une grande chambre, des draps fins, une table soignée, quelques meubles élégants. Bien que sans luxe, cette grosse maison a bon air. On s'y trouve à l'aise. On y est choyé, entouré. Un vieil ami de George, le docteur Papet, accourt tout de suite pour examiner le malade à fond. Il diagnostique une affection chronique du larynx, ordonne beaucoup de repos, un séjour prolongé à la campagne. Chopin se soumet à ce programme sans aucune difficulté et adopte une vie sage, parfaitement réglée. Tandis que George se remet à l'éducation de ses enfants et à sa tâche de romancier, il corrige une édition nouvelle des œuvres de Bach, termine sa *Sonate en mi bémol mineur*, le second *Nocturne* de l'opus 37 et trois *Mazurkas* (op. 41). On dîne en plein air, entre cinq et six heures. Puis viennent quelques amis voisins, les Fleury, les Duteil, Duvernet, Rollinat, avec qui l'on cause et l'on fume. Ils témoignent tous à Chopin, de prime abord, une sympathie respectueuse. Hippolyte Châtiron, le demi-frère de George, qui habite avec sa femme les environs tout proches, sorte de gentillâtre bonhomme et quelque peu ivrogne, se prend pour lui d'une amitié passionnée.

Lorsqu'ils sont tous partis. Chopin joue du piano entre chien et loup, après quoi il se met au lit et s'endort comme un enfant, en même temps que Maurice et Solange. Quant à George, elle ouvre l'*Encyclopédie* et prépare sa leçon du lendemain. C'est une vraie vie de famille, telle, justement, que Chopin la comprend le mieux ; telle aussi qu'il la lui faut en période de travail.

« Je compose ici une *Sonate* en si bémol mineur, écrit-il à Fontana, dans laquelle sera la *Marche funèbre* que tu as déjà. Il y a un *allegro,* puis un *scherzo* en mi bémol mineur, la Marche, et un court *finale* de trois pages environ. Après la Marche, la main gauche babille *unisono* avec la main droite. J'ai un nouveau *Nocturne* en sol majeur qui accompagnera le *Nocturne* en sol mineur, si tu t'en souviens. Tu sais que j'ai quatre nouvelles mazurkas : une de Palma en mi mineur, trois d'ici en si majeur, la bémol majeur, et ut dièse mineur. Elles me paraissent jolies comme les plus jeunes enfants le semblent aux parents qui vieillissent. Autrement, je ne fais rien ; je corrige moi-même une édition parisienne des œuvres de Bach ; il y a non seulement des erreurs de gravure, mais, je crois, des erreurs harmoniques commises par ceux qui prétendent comprendre Bach. Je ne le fais pas avec la prétention de le comprendre mieux qu'eux, mais avec la conviction que je devine quelquefois comment cela doit être. »

Chaque soir, pendant l'heure de musique que Chopin dédie à George toute seule, elle écoute et se recueille. Car c'est une écouteuse de choix. Sans doute est-ce dans ces moments-là que ces deux âmes, si peu pénétrables l'une pour l'autre, se sont le mieux comprises. Elle sent bien qu'il est le type extrême de l'artiste ; qu'il n'y aura jamais moyen de lui faire rien accepter de la réalité ; que son rêve continuel est trop loin du monde, trop peu philosophique pour qu'elle puisse le suivre dans ces régions absentes d'humanité. Mais il est doux cependant d'être l'objet de la préférence d'un tel homme. Cruel aussi ; car si Chopin tient compte avec usure de la moindre clarté qu'on lui apporte, « il ne prend pas la peine de cacher ses déceptions à la première obscurité. » Son humeur fantasque, ses abattements profonds, intéressent à la fois et inquiètent l'amateur d'émotions qu'est George. Mais une sorte d'effroi s'empare de son cœur à la pensée d'un devoir nouveau à contracter si Frédéric s'installe définitivement auprès d'elle. Elle n'est plus illusionnée par la passion. Une peur la prend d'avoir à lutter un jour contre quelque autre amour qui pourrait survenir et serait meurtrier à cet être frêle qu'elle a enlevé à lui-même. Puis elle se raffermit. Un devoir de plus dans sa vie déjà si accablée, ne serait-ce point précisément une défense contre les tentations ? une chance plus grande pour atteindre à cette austérité vers laquelle elle se sent attirée par le vieux fond d'enthousiasme religieux dont elle ne s'est jamais défaite ? Que décider ? Elle prend le parti provisoire de s'en remettre aux événements.

Quant à Chopin, ce bonheur paisible est trop bien à la mesure de ses forces pour qu'il songe à autre chose. Il donne toute sa tendresse, il crée, c'est là le beau présent et le seul avenir. Pendant qu'il improvise, George ouvre un cahier et prend des notes : « Le génie de Chopin est le plus profond et le plus plein de sentiments et d'émotions qui ait existé. Il fait parler à un seul instrument la langue de l'infini. Il sait résumer en dix lignes, qu'un enfant pourrait jouer des poèmes d'une élévation immense, des drames d'une énergie sans égale. Il n'a jamais besoin de grands moyens matériels... Il ne lui faut ni saxophone, ni ophicléides pour remplir l'âme de terreurs ; ni orgues d'église ni voix humaine pour la remplir de foi et d'enthousiasme. Il faut de grands progrès dans le goût et l'intelligence de l'art pour que ses œuvres deviennent populaires... Chopin sent sa puissance et sa faiblesse. Sa faiblesse est dans l'excès même de cette puissance qu'il ne peut régler. Sa musique est pleine de nuances et d'imprévu. Quelquefois, rarement, elle est bizarre, mystérieuse et tourmentée. Quoiqu'il ait horreur de ce que l'on ne comprend pas, des émotions excessives l'emportent à son insu dans des régions connues de lui seul. »

Vers la fin de l'été, ils décident de rentrer tous à Paris. Sand s'est convaincue qu'elle ne viendra pas toute seule à bout de l'éducation de ses enfants. Maurice a envie d'apprendre le dessin ; Solange est difficile, un peu sournoise, entêtée. George a besoin aussi de revoir son éditeur Buloz, le directeur de la *Revue des Deux-Mondes*. Chopin voudrait retrouver ses élèves et reprendre ses leçons, source majeure de ses revenus. On bombarde donc les amis de lettres pour qu'ils cherchent deux appartements pas trop éloignés l'un de l'autre. Grzymala, Arago et Fontana se mettent en chasse. De Nohant, les instructions pleuvent sur la tête des trois amis.

Chopin demande qu'on lui choisisse un papier *tourterelle*, brillant et lustré pour ses chambres. Autre chose pour le vestibule, mais encore *respectable*. S'il y en a de plus beaux, de plus à la mode, qu'on n'hésite pas à les prendre.

« Je préfère ce qui est simple, modeste, élégant, aux couleurs voyantes et communes des boutiquiers. C'est pourquoi la couleur gris-perle me plaît car elle n'est ni éclatante ni vulgaire. Je te remercie pour la chambre de domestique, car elle est très nécessaire. »

Pour Sand, il est indispensable que le logement soit tranquille. Il devra y avoir trois chambres à coucher, deux l'une à côté de l'autre et une séparée par le salon. Près de la troisième, il faudra un cabinet de travail bien éclairé. Salon et salle à manger en rapport. Deux chambres pour les domestiques et une cave. Des planchers marquetés, en bon état si possible. Mais surtout de la tranquillité, « pas de forgeron dans le voisinage ». Un escalier convenable, des fenêtres exposées au Midi. « Pas de demoiselle ! Pas de fumées ni de mauvaises odeurs. » Chopin prend même la peine de dessiner le plan de l'appartement rêvé.

Bientôt, de bonnes nouvelles arrivent. Chopin sera logé au n° 5 de la rue Tronchet, et quant à George, elle aura deux petits pavillons dans un jardin, au n° 16 de la rue Pigalle. Nohant est dans la joie et Frédéric, toujours si difficile en matière d'élégance, pense maintenant à son habillement. Il récrit à Fontana : « J'ai oublié de te demander de commander un chapeau pour moi chez Duport, rue de la Chaussée-d'Antin. Il a ma mesure et sait ce que je veux. Montre-lui la forme du chapeau de cette année, pas trop exagérée, car je ne sais comment tu t'habilles maintenant. Enfin, passe chez Dautremont, mon tailleur, sur les Boulevards, et dis-lui de me faire une paire de pantalons gris. Tu choisiras une nuance gris-sombre, pour pantalons d'hiver ; quelque chose de bien, pas rayé, mais uni et souple. Tu es un Anglais, aussi tu sais ce qu'il me faut. Dautremont sera content de savoir que je reviens. J'ai encore besoin d'un gilet en velours noir, mais avec très peu de dessins et pas éclatants, un gilet simple mais élégant. S'il n'avait pas de très beau velours, qu'il fasse le gilet en beau drap, mais pas trop ouvert... » En récompense de tous ces soins : « ... je changerai pour toi la seconde partie de la *Polonaise* jusqu'à la fin de ma vie. La version d'hier peut aussi ne pas te plaire, bien qu'elle m'ait mis le cerveau à la torture pendant quatre-vingts secondes. J'ai copié mes manuscrits en bon ordre. Il y en a six avec tes *Polonaises,* en ne comptant pas la septième, un impromptu, qui est peut-être sans valeur. Je n'en sais rien moi-même, parce qu'il est trop récent. Titus me conseille de composer un Oratorio. Je lui ai répondu en lui demandant pourquoi il construit une sucrerie et non un couvent de dominicains. — Comme tu es un homme habile, tu peux faire en sorte que ni pensées noires ni toux suffocante ne me gênent dans mes nouvelles chambres. Fais que je devienne sage. Efface, si tu le peux, beaucoup d'épisodes de mon passé. Il ne serait pas mauvais non plus que je m'assigne un travail de plusieurs années. Enfin, tu m'obligerais en te rajeunissant beaucoup ou en trouvant le moyen de faire que nous ne soyons pas encore nés. Ton vieux Frédéric. »

Frédéric et George s'installèrent tous deux à Paris en octobre de cette année 39. Mais ils se convainquirent bientôt qu'il leur était difficile de vivre séparés après une année entière d'existence commune. Chopin avait encore besoin de sollicitudes, de précautions. Il céda son logement au docteur Matuszinski et se transporta avec son mobilier à l'étage inférieur d'un des deux pavillons de la rue Pigalle.

Ces années souhaitées de grand et parfait labeur se déroulèrent donc à peu près sur le rythme désiré. Pendant la matinée, les professeurs se succédaient auprès de Maurice et de Solange. Chez Chopin, c'était le défilé des élèves. Ses leçons duraient une heure au moins, parfois bien davantage. Il arrivait souvent au maître d'exécuter les morceaux lui-même. À l'une de ses élèves il joua une fois par cœur quatorze Préludes et Fugues de Bach. Et comme la jeune fille exprimait son admiration pour ce tour de force : « Cela ne s'oublie jamais, dit-il en souriant. Depuis un an je n'ai pas étudié un quart d'heure de suite, je n'ai pas de force, pas d'énergie, j'attends toujours un peu de santé pour reprendre tout cela, mais... j'attends encore. » De tels efforts l'épuisaient. Il absorbait quelques gouttes d'opium dans un verre d'eau et frictionnait ses tempes avec de l'eau de Cologne. « La dernière chose, reprenait-il, c'est la simplicité. Après avoir épuisé toutes les difficultés, après avoir joué une immense quantité de notes et de notes, c'est la simplicité qui sort avec tout son charme, comme le dernier sceau de l'art. Quiconque veut arriver d'emblée à cela n'y parviendra jamais ; on ne peut commencer par la fin. »

L'après-midi était en général consacré au travail personnel des deux artistes. Le soir, on se réunissait chez George, on dînait ensemble, puis venaient l'un ou l'autre des familiers de la maison. Le salon était, de couleur café au lait, rempli de très beaux vases chinois toujours garnis de fleurs, à la mode chopinesque. Le mobilier était vert ; on voyait un grand dressoir en chêne, chargé de curiosités, et, au mur, le portrait de l'hôtesse par Calamatta et plusieurs toiles de Delacroix. Le piano était nu, carré, en palissandre. Chopin s'y tenait presque toujours. À côté, s'ouvrait la chambre à coucher de George, où deux matelas posés par terre et recouverts d'un tapis de Perse formaient le lit.

Sand se levait tard, parce qu'elle veillait une grande partie de la nuit. Chopin polissait, remettait au net ses œuvres, dont les premières ébauches lui venaient en général pendant l'été. Sa création était toute spontanée. Elle jaillissait au hasard d'une promenade, d'une heure de méditation, ou bien se déroulait subite et complète tandis qu'il était assis devant son piano. Il se la jouait à lui-même, la chantait, la reprenait, en modulait les accents. Alors commençait cet immense labeur des recherches de la perfection, qui seront toujours, quoiqu'on dise, l'ordre essentiel de l'artiste. « Il s'enfermait dans sa chambre des journées entières, pleurant, marchant, brisant ses plumes, répétant ou changeant cent fois une mesure, l'écrivant et l'effaçant autant de fois, et recommençant le lendemain avec une persévérance minutieuse et désespérée. Il passait six semaines sur une page pour en revenir à l'écrire telle qu'il l'avait tracée du premier jet. » En notant ces choses, George s'en agaçait avec la surprise candide des créateurs féconds, que ne tourmentent point les nostalgies du fini. Mais, tel Giotto à qui l'on demandait pour le Pape un exemple parfait de son savoir, ne voulut envoyer qu'un cercle sans défaut, tout de même Chopin, ayant chargé une ligne de tous les ornements de sa pensée, en revenait à l'exquise nudité, signe dernier et suffisant de l'idée. Ainsi travaille le poète. Ainsi resserre-t-il dans le plus petit espace possible son univers, le rend-il lourd comme un cristal, mais irisé de mille feux.

C'est ce qui faisait dire à cette grande noircisseuse de pages qu'était Sand, que Chopin pouvait résumer en quelques mesures « des poèmes d'une élévation immense, des drames d'une énergie sans égale ». Mozart seul, pensait-elle, lui était supérieur, parce qu'il a eu le calme de la santé, donc la plénitude de la vie. Mais c'est une question de savoir quels troubles heureux pour l'art apportent les maladies. Il est bien sûr que l'essoufflement, les nervosités de Chopin, ont donné à son inspiration virile ces ajoutures languissantes, ces sonorités fatiguées par où il nous atteint le mieux.

CHAPITRE TREIZE
SUR QUELQUES AMITIÉS DE CHOPIN ET SUR SON ESTHÉTIQUE

Ce n'est pas seulement le mobilier et les habitudes que l'on mit en commun à la rue Pigalle, c'est aussi les amis. Le partage, telle est la grande doctrine de Pierre Leroux, nouveau directeur de conscience de George et « prédicateur de la Vérité éternelle dans son progrès continu ». Selon ce typographe philosophe, elle passe de peuple en peuple d'après des lois mystérieuses, s'incarnant tantôt dans l'un, tantôt dans l'autre, et venait justement de se fixer en Pologne. La mission des Polonais était donc toute d'égalité, de fraternité, d'amour. Chopin en souriait sans livrer sa pensée, mais invitait fort ses compatriotes, qui se lièrent avec tous les amis de George : Leroux, Delacroix, Pauline Viardot, la grande cantatrice, et Henri Heine en tête. Frédéric amena les frères Grzymala, le prince Czartoryski, le violoncelliste Franchomme, Fontana, les poètes Slowacki et Krasinski, le dessinateur Kwiatkowsky, et surtout Miçkiewicz, l'auteur des *Dziady* (ou Fête des Morts), qu'on donnait pour plus profond que Goethe et Byron.

C'était un extatique, un visionnaire, en tous cas un inspiré qui tombait parfois du « haut mal intellectuel », tout comme Socrate, Saint-Jean, ou Dante. Il devenait alors d'une éloquence qui transportait ses auditeurs et leur procurait de véritables transes. George Sand, si sensible aux commotions hautes et basses, se trouvait elle-même ravie en extase devant les abstractions sublimes de ce rêveur, ses chuchotements d'âme, par quoi elle accédait aux régions dangereuses où la raison et la folie voisinent. L'extase est contagieuse. Assurément, c'est une maladie chez les êtres simples ; mais chez les grands esprits, les Apollonius de Tyane, les Moïse, les Swedenborg, les Pierre Leroux, les Miçkiewicz, et, qui sait, les George Sand peut-être, n'est-ce pas un saint enthousiasme, une faculté divine de comprendre l'incompréhensible « susceptible de produire les plus nobles effets dès qu'une grande cause métaphysique et morale les provoque ? » Telle est la question que George se pose dans son *Journal*. Au demeurant, ce Miçkiewicz professe au Collège de France un cours tout de logique et de clarté. Il est plein de cœur, parfaitement maître de soi, et raisonne avec supériorité. Mais il est porté à l'exaltation par la nature même de ses croyances, par la violence de ses instincts un peu sauvages, l'élan de sa foi poétique, et le sentiment si fécondant chez tous les exilés des malheurs de leur patrie.

Chopin, lui aussi, croit à l'auréole mystique de ce saint barde. Il ignore que celui-ci, ravi d'avoir su conquérir une recrue aussi forte que George, pense que son amant est « son mauvais génie, son vampire moral, sa croix, qu'il la tourmente et finira peut-être par la tuer. » Quelle surprise qu'un tel jugement chez un être qui puise dans l'au-delà des communications secrètes ! Heureusement que Sainte-Beuve passe par là, tend sa fine oreille vers Miçkiewicz et déclare, que s'il y a de l'éloquence, il faut noter aussi les empêchements. Quelque délicate que soit l'ouïe de Chopin, il ne les entend plus parce que Miçkiewicz, pour lui, c'est la grande cloche des douleurs polonaises. Qui pourrait être plus exaltant que cet apôtre prophétisant la résurrection de sa patrie ? Le rédempteur était annoncé. Le Sauveur providentiel allait surgir, et il fallait accélérer sa venue par des actes de foi et de repentir.

Parfois, le soir, ce voyant vient à la rue Pigalle accompagné de plusieurs de ses compatriotes. Il s'installe dans un coin sombre du petit salon et lit sa *Comédie infernale*, ou l'une de ses *Ballades*, quelque nouveau poème tout plein des odeurs de ses forêts. Ou bien il improvise dans un délire sacré. Sur la face des émigrés se peint bientôt cette grande consternation slave, inactive et muette, qui se prolonge en un silence chargé de nostalgies. Puis Chopin se lève et s'assied au piano. On baisse encore la lampe. Il prélude par de légers arpèges, glissant sur les touches à sa manière habituelle, jusqu'à ce qu'il ait rencontré la *note bleue*, la tonalité qui lui semble correspondre le mieux à l'ambiance générale. Alors il attaque un de ses morceaux favoris, l'*Étude en tierces* du second cahier, par exemple (sol dièse mineur). Un de ses compatriotes l'appelle *La Sibérienne*, parce qu'elle symbolise le voyage du déporté polonais. La neige tombe sur la plaine sans limites. (Une gamme montante et descendante à chaque main figure cet infini universel de manière saisissante). On entend les clochettes de la troïka qui s'approche, passe et s'enfonce vers l'horizon. Et chacun a vu passer son frère ou son ami encadré par deux gendarmes russes qui l'emmènent pour jamais. Ou bien un *Scherzo* se dessine, se fixe : vieux refrain populaire que Frédéric a entendu dans son enfance aux portes d'une auberge de village. Eux tous, le reconnaissant, le fredonnent en sourdine entre leurs lèvres serrées, tandis que leurs visages se couvrent de larmes. Et l'artiste le varie, le scande doucement, le jette et le reprend, néglige les coloris pour ne chercher que le dessin. Pour lui, le dessin c'est l'âme. Malgré des effets de sonorité d'une fluidité vaporeuse, c'est le dessin qu'il poursuit, la ligné pure de sa pensée.

L'un des amis qui l'écoute écrit : « Ses regards s'animaient d'un éclat fébrile, ses lèvres s'empourpraient d'un rouge sanglant, son souffle devenait plus court. Il sentait, nous sentions que quelque chose de sa vie s'écoulait avec les sons. » Tout à coup, une petite toux sèche, un rapide point d'orgue en pianissimo, et dans l'ombre Chopin dresse son fin visage blanc aux yeux cerclés de noir. Mais cela ne se termine pas toujours sur cette vision affligeante. Parfois, au contraire, jaillit de derrière le piano l'empereur d'Autriche, un vieillard impertinent, un Anglais flegmatique, une Anglaise sentimentale et ridicule, un vieux juif sordide. Et c'est encore Chopin, grand amateur de grimaces qui, après avoir tiré des larmes de tous ces yeux, plisse les visages par le fou rire.

Parmi les vieux amis de George Sand, il est un petit homme frêle, pâle, nerveux, mais de volonté et de pensée si fort, qu'il se détache sur son temps comme une statue de bronze dans un Olympe de plâtres. En son métier, c'est tout ensemble le plus violent, le plus régulier et le plus pur des créateurs. Or, comme en art, tout est affaire d'âme à ce qu'il dit, voici une opinion qui sous sa plume a quelque poids. « J'ai, écrit-il, des tête-à-tête à perte de vue avec Chopin, que j'aime beaucoup, et qui est un homme de distinction rare : c'est le plus vrai artiste que j'aie rencontré. Il est de ceux, en petit nombre, qu'on peut admirer et estimer. »

Cet homme s'appelle Eugène Delacroix. Son très jeune ami Baudelaire disait de lui qu'il avait l'amour du grand, du national, de l'immense, de l'universel, lequel s'exprimait dans sa peinture dite décorative ou dans ses *grandes machines*. Quoi de plus contraire à toute l'esthétique de Chopin ? Mais ils ont tous les deux un certain goût du conventionnel, toutefois pour les arts qui ne sont pas le leur. Delacroix, ce novateur puissant, n'aime en littérature que le classique, en musique que Mozart. Chopin, en peinture, préfère de beaucoup M. Ingres à Delacroix. Si opposés qu'ils soient de culture, de tendances, de goût, Chopin et Delacroix se comprennent pourtant profondément par le cœur. Grand amateur et connaisseur de musique, Delacroix donne bientôt à Chopin la meilleure place après Mozart. Quant à Chopin, qui chérit et respecte l'homme, il continue à détester sa peinture. C'est par le tempérament surtout qu'ils sont frères. « ... Mélange de scepticisme, de politesse, de dandysme, de volonté ardente, de ruse, de despotisme, et enfin d'une espèce de bonté particulière et de *tendresse modérée* qui accompagne toujours le génie. » Voyons, de qui s'agit-il dans ce portrait si ressemblant à Chopin ? C'est encore Baudelaire qui parle de Delacroix. Haïsseur de multitudes, sceptique poli, homme du monde toujours préoccupé de dissimuler les colères de son cœur, autant de traits qui conviennent à chacun. Deux violents, deux concentrés, deux pudiques, tels sont ces aristocrates nés dans le peuple. Delacroix emmenant sa vieille servante au Louvre pour lui expliquer la sculpture assyrienne, ou Chopin jouant du piano pour son domestique, voilà des images d'un meilleur enseignement critique que dix pages d'abstractions. Ajoutons que ce sont tous deux de grands malades, des souffreteux, des tousseux, et que leur seule revanche à prendre sur la vie, c'est de vivre par l'esprit. Je voudrais dire : par l'esprit chargé de sensations. Juges exquis des nuances, la musique leur en fournit d'incomparables. Mozart est leur dieu parce que sa science se trouve tout naturellement égale à son inspiration. Des œuvres de Beethoven, ils disent : « passages communs à côté de sublimes beautés. » Aux oreilles de Delacroix, il est parfois diffus, entortillé ; à celles de Chopin, trop athlétique, trop shakespearien, d'une passion qui frise toujours le cataclysme. Le peintre l'admire cependant parce qu'il le trouve moderne, bien de son temps. C'est la raison qui précisément le rend suspect à Chopin, auquel il faut avant tout un vin soigneusement décanté, une liqueur d'où se dégage le bouquet des souvenirs. Nietzsche dira plus tard : « Toute musique ne commence à avoir un effet *magique* qu'à partir du moment où nous entendons parler en elle le langage de notre passé. » Or Chopin, cet exilé, n'entend jamais que les voix les plus anciennes de sa mémoire. C'est là sa poésie.

— Quand Beethoven est obscur, dit-il, et paraît manquer d'unité, ce n'est pas une prétendue originalité un peu sauvage, dont on lui fait honneur, qui en est cause ; c'est qu'il tourne le dos à des principes éternels ; Mozart jamais. Chacune des parties a sa marche qui, tout en s'accordant avec les autres, forme un chant et le suit parfaitement. C'est là le contrepoint, *punto contrapunto*. On a l'habitude d'apprendre les accords avec le contrepoint, c'est-à-dire la succession des notes qui mène aux accords. Berlioz plaque des accords et remplit les intervalles comme il peut. En musique, la logique pure c'est la *fugue*. Être savant dans la fugue, c'est connaître l'élément de toute raison et de toute conséquence.

Sand raconte qu'un jour elle s'en vient à l'atelier de Delacroix pour l'emmener dîner chez elle où Chopin le réclame. Elle le trouve au travail, le cou enveloppé de foulards tout comme son « malade ordinaire », toussant comme lui, la voix brisée, et vociférant quand même contre Ingres et sa Stratonice. Ils rejoignent Chopin. Lui non plus n'aime pas la Stratonice, en juge les personnages maniérés, mais « le fini » de la peinture lui plaît. En toutes choses, il est l'ami du précis, de l'achevé.

— Pour la couleur, dit-il, je n'y entends rien du tout.

On dîne. Au dessert, Maurice demande à son maître qu'il lui explique le mystère des reflets. Et Delacroix établit une comparaison entre les tons de la peinture et les sons de la musique. Étonnements de Chopin.

— L'harmonie de la musique, explique le peintre, n'est pas seulement la construction des accords, mais encore leurs relations, leur succession logique, leur entraînement, leurs reflets auditifs. Eh bien, la peinture ne procède pas autrement. Le reflet du reflet...

Chopin s'agite :

— Laissez-moi respirer. Le reflet, c'est bien assez pour le moment. C'est ingénieux, nouveau, mais pour moi c'est de l'alchimie.

— Non, c'est de la chimie toute pure. Les tons se décomposent et se recomposent à toute heure et le reflet ne se sépare pas du relief...

Voici Delacroix bien en selle. Il explique les coloris, les contours, les teintes plates ; que toute couleur est un échange de reflets, que ce qui manque à M. Ingres, c'est la moitié de la peinture, la moitié de la vue, la moitié de la vie, qu'il est pour une moitié un homme de génie, pour l'autre moitié un imbécile.

Mais Chopin n'écoute plus. Il se lève et se met au piano. Il improvise un instant, s'arrête.

— Eh bien, s'écrie Delacroix, ça n'est pas fini.

— Ce n'est pas commencé. Rien ne me vient... Rien que des reflets, des ombres, des reliefs qui ne veulent pas se fixer. Je cherche la couleur et ne trouve même pas le dessin.

— Vous ne trouverez pas l'un sans l'autre, et vous allez les trouver tous deux.

— Mais si je ne trouve que le clair de lune ?

— Vous aurez trouvé le reflet d'un reflet.

Chopin reprend sans avoir l'air de recommencer, tant son dessin est imprécis. Puis la note bleue résonne. Les voici transportés en plein ciel, errant avec les nuages par-dessus les toits du square.

Nous avons remarqué plusieurs fois déjà cette *note bleue*. C'est qu'elle ne procédait pas seulement des tonalités chopiniennes. Elle était le chant de son toucher, le timbre de sa main. Comme Lizst, Chopin possédait de chacun de ses doigts un état de conscience distinct. Il parvenait à dissocier leurs impressions, à leur faire transmettre au cerveau une harmonie de sensations manuelles infiniment variables. C'était toute une éducation de technique et d'observation qui enseignait à se connaître d'une façon nouvelle, à se penser d'une façon nouvelle. Pour lui, un bon mécanisme n'avait pas pour but de tout jouer avec une sonorité égale, mais d'acquérir une belle qualité de toucher afin de nuancer d'une manière parfaite. « Pendant longtemps, disait-il, les pianistes ont travaillé contre la nature en cherchant à donner une sonorité égale à chaque doigt. Au contraire, chaque doigt devrait avoir sa propre partie. Le pouce a la plus grande force, parce qu'il est le plus gros et le plus indépendant des doigts. Vient ensuite le cinquième, à l'autre extrémité de la main. Puis l'index, son support principal. Enfin, le troisième, qui est le plus faible des doigts. Quant à son frère siamois, certains pianistes essayent, en y mettant toute leur force de le rendre indépendant. C'est chose impossible et vraisemblablement inutile. Il y a donc plusieurs espèces de sonorités, comme il y a plusieurs doigts. Il s'agit d'utiliser ces différences. Et ceci, en d'autres mots, est tout l'art du doigté. »

Chopin avait beaucoup travaillé ces questions de mécanique transcendantale. En prenant sa main, qui était petite, l'on restait surpris par ses résistances osseuses. L'un de ses amis a dit que c'était le squelette d'un soldat enveloppé par des muscles de femme. Pour un autre, au contraire, c'était une main désossée. Stephen Heller restait ébahi de lui voir couvrir un tiers du clavier et la comparait à une gueule de serpent s'ouvrant tout à coup pour engloutir un lapin d'une seule bouchée. Chopin avait inventé une méthode de doigté à lui. Son toucher était, grâce à ces soins, plus doux que n'importe lequel, hostile à tout effet, et d'une beauté qui ravissait dès les premières mesures. Pour donner à la main une position avantageuse, il la faisait jeter légèrement sur le clavier de sorte que les doigts s'y appuyassent sur le *mi*, le *fa dièse*, le *sol dièse*, le *la dièse* et le *si*. Telle était, à son sens, la position normale. Sans en changer, il faisait faire des exercices destinés à donner l'indépendance et l'égalité des doigts. Puis il mettait ses élèves au staccato, pour leur donner la légèreté, ensuite au staccato-legato, enfin au legato accentué. Il enseignait un système particulier pour conserver à la main sa forme unie et tranquille au moment de passer le pouce dans les gammes et dans les passages en arpèges. Cette tranquillité parfaite de la main lui apparaissait comme une vertu majeure, et comme le seul moyen d'atteindre à un jeu égal et posé, même lorsqu'il s'agissait de passer le pouce après le quatrième ou le cinquième doigt. Mais ces exercices expliquent aussi comment Chopin exécutait ses accompagnements si difficiles (inconnus avant lui), qui consistent à frapper des notes très éloignées les unes des autres. Et l'on comprend combien il choquait les pianistes de l'ancienne école par ses doigtés originaux, qui avaient toujours pour objet de conserver à la main sa même forme, dût-on passer le troisième ou le quatrième doigt par-dessus le cinquième. Parfois il la tenait complètement à plat et obtenait ainsi ces effets de velours et de finesse qui jetaient Berlioz et même Liszt en extase. Pour acquérir l'indépendance des doigts, il recommandait de les laisser tomber librement et légèrement, de tenir la main comme suspendue en l'air et sans nulle pesanteur. Il voulait qu'on ne prît pas trop tôt des mouvements rapides et qu'on jouât tous les passages très *forte* et très *piano*. De cette manière, les qualités du son se font d'elles-mêmes et la main ne se fatigue jamais. C'est lui qui imagina, toujours pour acquérir l'indépendance des doigts à laquelle il tenait tellement, de faire faire des gammes en accentuant chaque troisième ou quatrième note. Il entrait dans de grandes colères lorsqu'on l'accusait d'en prendre trop à son aise avec la mesure. « Que votre main gauche soit votre maître de chapelle, disait-il, tandis que votre droite jouera *ad libitum*. »

Il ne faut pas se rebuter à la lecture de ces rapides indications techniques. Dans tout art, la technique et la matière sont de vives joies d'intelligence. Ce sont les beaux secrets du potier. Et Chopin n'a pas laissé de *méthode*. Il y avait songé. Mais tout cela est resté à l'état de projet. Le grand, le développé, le scolaire l'intimidaient. Il a toujours habité des régions réservées où il n'aimait pas trop qu'on le vînt rejoindre. Il ne s'est jamais senti la force de composer un opéra, bien que ses maîtres et amis l'en pressassent. « — Avec vos idées admirables, demandait M. de Perthuis, pourquoi ne nous faites-vous pas un opéra ? » — « Ah ! Monsieur le Comte, répondit Chopin, laissez-moi ne faire que de la musique de piano ; pour faire des opéras je ne suis pas assez savant. » Il avait le goût de l'achevé et du rare plus que celui des grands applaudissements. C'est dans le détail qu'il excellait. Ses inventions harmoniques les plus fécondes sont faites de riens, mais de riens essentiels au caractère de son art. Le professeur Kleczynski, un de ses compatriotes à qui j'emprunte plusieurs de ces détails, a écrit : « Étant donnée la richesse de son talent, il nous a déçus un peu, nous aussi bien que Schumann. Mais en revanche, mettant toute son âme en de petites choses, il les a finies et perfectionnées d'une manière admirable. »

C'est en ces « petites choses » précisément que Chopin était grand. Peut-être, pour lui, rien n'était-il petit. Et en effet, où finit le petit et où commence le grand ? Sans doute mettait-il son âme dans toutes les choses dont il attendait un point de perfection. « Quand je suis mal disposé, disait-il, je joue sur un piano d'Érard et j'y trouve facilement un son *tout fait* ; mais quand je me sens en verve et assez fort pour trouver mon *propre son à moi,* il me faut un piano de Pleyel. »

Un autre ami de Chopin, c'est Liszt... Ami de cœur et ami de métier. On essayait souvent de les opposer l'un à l'autre, de leur persuader à tous deux que le contraste de leurs méthodes, de leur jeu, comme celui de leur caractère, en faisait des rivaux. Mais tel ne fut pas le cas, et si Chopin paraît quelquefois un peu fuyant et même timide devant l'autre grand virtuose de son temps, c'est que les femmes s'en mêlèrent.

George Sand et Marie d'Agoult se connaissaient depuis longtemps. Avant le règne de Chopin, George était allée à Genève où elle avait séjourné une saison dans l'intimité de ce joli faux-ménage romantique. Puis Franz et Marie étaient venus passer un été à Nohant. De part et d'autre il y avait eu curiosité, admiration, mais aussi de secrètes jalousies. La comtesse se piquait d'écrire. Elle avait le style noble, la tête sceptique mais bien meublée, et, sauf en amour, de la mesure en tout. Chez George, le spontané l'emportait. Elle eut d'abord, pour cette belle grande dame qui jetait son bonnet par-dessus les hôtels du Faubourg, une sympathie de tempérament. C'était une éclatante mise en pratique de ses théories sur l'amour et la liberté. « Vous me semblez la seule chose belle, estimable et vraiment noble que j'aie vu briller dans la sphère patricienne, lui écrivait-elle. Vous êtes pour moi le véritable type de la princesse fantastique, artiste, aimante et noble de manières, de langage et d'ajustements, comme les filles des rois aux temps poétiques. » Mais cet engouement était tout littéraire. Chez Marie d'Agoult aussi, bien plus intéressée par la romancière presque illustre que par cette étrange descendante d'une lignée de rois et d'un marchand d'oiseaux. Elle décida bientôt de soustraire Liszt à son influence, et c'est avec déplaisir qu'elle vit arriver ce Chopin, dont son amant prophétisait le doux et profond génie. On se refroidit donc. On se quitta. George envoya la comtesse à tous les diables.

Mais Liszt revit Chopin, car il l'aimait. Personne ne jouait les compositions du Polonais mieux que lui, parce que personne ne les connaissait plus, ne les avait davantage approfondies et exécutées dans ses concerts. « J'aime ma musique quand elle est jouée par Liszt », disait Chopin. Dans l'ouvrage que Liszt a consacré, plus tard, à son ami, il compare les *Études*, les *Préludes*, les *Nocturnes*, aux chefs-d'œuvre de La Fontaine. Je ne sache pas que l'on ait fait de comparaison plus juste. Deux grands poètes qui ont cherché à faire tenir le très vaste dans le très petit et saupoudrèrent d'ironie leur cœur chaque jour blessé. C'est ici le lieu de noter le mot de Heine, qui appelait Chopin « le Raphaël du piano-forte ». Dans sa musique, « chaque note est une syllabe, chaque mesure un mot » et chaque phrase une pensée. Il inventa « ces admirables progressions harmoniques par lesquelles il dota d'un caractère sérieux même les pages qui, vu la légèreté de leur sujet, ne paraissaient pas devoir prétendre à cette importance. » C'est par le sentiment qu'elles débordent, et, en les examinant de près, on y reconnaît, selon Liszt, ces transitions qui relient le sentiment et la pensée, ces dégradés de teintes dont parlait Delacroix. Des essais *classiques* de Chopin, Liszt admirait surtout l'adagio du *Deuxième concerto*, pour lequel Chopin lui-même avait une prédilection marquée. « Les dessins accessoires appartiennent à la plus belle manière de l'auteur, la phrase principale en est d'une largeur admirable ; elle alterne avec un récitatif qui pose le ton mineur et qui en est comme l'antistrophe. » Dans plusieurs des *Études* et des *Scherzos*, Liszt retrouve l'exaspération concentrée, le désespoir ironique et hautain de Fritz. Il y faut toutefois une oreille exercée, car Chopin ne laissait guère soupçonner les « secrètes convulsions » qui l'agitaient. Son caractère « se composait de mille nuances qui, en se croisant, se déguisaient les unes les autres d'une manière indéchiffrable. » Et Liszt, dont l'intelligence se signale toujours si vivement, écrit cette réflexion admirable sur les dernières œuvres de Chopin : « Il ne se servait plus de l'art que pour se donner à lui-même sa propre tragédie. » Après avoir chanté son sentiment, il se prit à le dépecer. Mais même alors, l'émotion qui inspire ces pages reste d'une pure noblesse, leur expression demeure dans les « vraies limites du langage de l'art », sans vulgarités, sans cris outrés, sans contorsions. « Loin d'être diminuée, la qualité de l'étoffe harmonique n'en devient que plus intéressante par elle-même, plus curieuse à étudier. »

Il va de soi que Chopin se donnait pour romantique, et pourtant il se réclamait de deux maîtres, Bach et Mozart : de Bach qu'il admirait totalement, sans aucune réserve ; de Mozart, chez qui il retrouvait « les principes de toutes les libertés dont il usait abondamment. » Et cependant il n'admettait pas « qu'on voulût écraser le fronton grec avec la tour gothique, ni qu'on démolît les grâces pures et exquises de l'architecture italienne au profit de la luxuriante fantaisie des constructions mauresques... Il n'apportait pas la plus légère louange à ce qu'il ne jugeait point être une conquête effective pour l'art. Son désintéressement faisait sa force. » (Liszt). On sait que Beethoven, Michel-Ange, Shakespeare, l'effrayaient. Il paraît plus étrange qu'il n'ait pas trop goûté Schumann. Il trouvait Mendelssohn commun et n'écoutait pas volontiers certaines œuvres de Schubert « dont les contours étaient trop aigus pour son oreille, où le sentiment est comme dénudé. Toutes les rudesses sauvages lui inspiraient de l'éloignement. En musique, comme en littérature, comme dans l'habitude de la vie, tout ce qui se rapproche du mélodrame lui était un supplice. » À propos de Schubert, il dit un jour à Liszt :

— Le sublime est flétri, lorsque le commun ou le trivial lui succède.

Même dans Mozart il trouvait quelques taches. Il regrettait certains passages de *Don Juan* cette œuvre qu'il adorait. « Il parvenait, dit toujours Liszt, à oublier ce qui lui répugnait, mais se réconcilier avec, lui était impossible. » Romantique donc, il ne s'engagea pourtant dans aucune des mêlées de l'époque, vécut à l'écart des luttes où Liszt et Berlioz se dépensèrent à fond, mais apportait cependant à leur groupe des convictions « absolues, tenaces et inflexibles. » Lorsque ses opinions eurent prévalu, en vrai grand seigneur et chef de parti, il se garda de *survaincre* et retourna à toutes ses habitudes d'art et d'esprit.

Combien souvent Liszt s'est penché sur le clavier à côté de Chopin pour suivre le toucher du sylphe ! Il l'étudiait avec amour et minutie, aussi fut-il le seul qui réussit à l'imiter, « Il faisait toujours onduler la mélodie... ; ou bien il la faisait mouvoir, indécise, comme une apparition aérienne. C'est le fameux *rubato*. Mais le mot n'apprenait rien à qui savait, et rien à qui ne savait pas, aussi Chopin cessa-t-il d'ajouter cette explication à sa musique. Si l'on en avait l'intelligence, il était impossible de ne pas deviner cette *règle d'irrégularité*. « Liszt l'expliquait ainsi à l'un de ses disciples : « Regardez ces arbres : le vent joue dans leurs feuilles et réveille en eux la vie, mais ils ne bougent pas. » Ses compositions doivent être rendues « avec cette sorte de balancement accentué et prosodié, cette *morbidezza* dont il était difficile de saisir le secret quand on n'avait pas souvent entendu Chopin lui-même... Il leur imprimait à toutes on ne sait quelle couleur sans nom. quelle apparence indéterminée, quelles pulsations tenant de la vibration, qui n'avaient presque plus rien de matériel et, comme les impondérables, semblaient agir sur l'être sans passer par les sens. Chopin se livrait aussi à des fantaisies burlesques ; il évoquait volontiers parfois quelque scène à la Jacques Callot, pour faire rire, grimacer, gambader des figures fantastiques, spirituelles et narquoises, pleines de saillies musicales, pétillantes d'esprit et d'humour anglais comme un feu de fagots verts. *L'Étude* 5 nous a conservé une de ces improvisations piquantes, où les touches noires du clavier sont exclusivement attaquées, comme l'enjouement de Chopin n'attaquait que les touches supérieures de l'esprit. »

C'est à ses compatriotes qu'il montrait le plus volontiers ces subtilités pianistiques, à quelques amis de choix. On dit que les élèves de ses élèves se font aujourd'hui encore une gloire de ces recettes précieusement transmises. Sans doute naîtra-t-il toujours par-ci par-là une âme chopinienne. Mais l'insaisissable se laisse-t-il enseigner ? Liszt l'a dit : « Chopin a passé parmi nous comme un fantôme. »

CHAPITRE QUATORZE
MÉSINTELLIGENCES, SOLITUDES

Au mois d'octobre de 1839, le roi Louis-Philippe exprima le désir d'entendre jouer Chopin et il le fit inviter, avec le pianiste Moschelès, à Saint-Cloud. Le comte de Perthuis vint recevoir les deux artistes à la porte du château. On leur fit traverser une file de pièces pour aboutir au Salon Carré, où la famille royale se trouvait réunie en petit comité. Autour d'une table se tenaient la Reine, devant sa corbeille à ouvrage, Mme Adélaïde, la duchesse d'Orléans et les dames d'honneur. Tout auprès, le gros Roi remplissait son fauteuil. Chopin et Moschelès furent accueillis en vieilles connaissances. Ils se mirent successivement au piano. Chopin joua ses *Nocturnes* et ses *Études,* Moschelès ses *Études* à lui, puis ils exécutèrent à quatre mains une sonate de Mozart. À la fin de l'andante, s'élevèrent en fusée les « délicieux », les « divin » et il leur fut demandé de le recommencer. La fougue de Chopin électrisa l'auditoire, si bien qu'il s'abandonna à un vrai « délire musical ». Enthousiasme de part et d'autre. Chopin reçut en souvenir une coupe de vermeil, Moschelès un nécessaire de voyage.

Cette soirée était faite pour stimuler Chopin au travail. Les trois années de la rue Pigalle (1839-1842), qui s'ouvraient sous ces royales auspices, furent bien telles qu'il les avait voulues : de grand et parfait labeur. Si l'année 1839 ne vit paraître que *Trois valses brillantes,* elle resta surtout l'année des *Préludes,* le chef-d'œuvre peut-être le plus rare et le plus parfait de Chopin. Vint ensuite la fameuse *Sonate en si bémol mineur,* dont Schumann a dit assez étrangement : « ... un certain génie impitoyable nous souffle au visage, terrasse de son poing pesant quiconque voudrait se cabrer contre lui et fait que nous écoutons jusqu'au bout, comme fascinés et sans gronder... mais aussi sans louer ; car ce n'est pas là de la musique. La sonate se termine comme elle a commencé, en énigme, semblable à un sphinx moqueur. »

Chopin donne encore en 1840 et 1841 quatre *Nocturnes,* la deuxième et la troisième *Ballade,* un *Scherzo,* trois *Polonaises,* quatre *Mazurkas,* trois *Nouvelles Études,* une *Valse,* la *Fantaisie en fa mineur,* la *Tarentelle,* un *Allegro de Concert.*

Il consent, au printemps de 1841, à rejouer en public, chez Pleyel. Salle comble, naturellement ; car à présent c'est Chopin et Liszt qui font à Paris les plus fortes recettes. Or, c'est Liszt précisément, ce cœur enthousiaste, qui réclame l'honneur de faire le compte rendu pour la *Gazette Musicale.* Voici quelques variations et cadences de sa plume de pianiste.

« Lundi dernier, à huit heures du soir, les salons de M. Pleyel étaient splendidement éclairés : de nombreux équipages amenaient incessamment, au bas d'un escalier couvert de tapis et parfumé de fleurs, les femmes les plus élégantes, les jeunes gens les plus à la mode, les artistes les plus célèbres, les financiers les plus riches, les grands seigneurs les plus illustres, toute une élite de société, toute une aristocratie de naissance, de fortune, de talent et de beauté.

« Un grand piano à queue était ouvert sur une estrade ; on se pressait autour ; on ambitionnait les places les plus voisines ; à l'avance on prêtait l'oreille, on se recueillait, on se disait qu'il ne fallait pas perdre un accord, une note, une intention, une pensée de celui qui allait venir s'asseoir là. Et l'on avait raison d'être ainsi avide, attentif, religieusement ému, car celui que l'on attendait, que l'on voulait voir, entendre, admirer, applaudir, ce n'était pas seulement un virtuose habile, un pianiste expert dans l'art de faire des notes ; ce n'était pas seulement un artiste de grand renom, c'était tout cela et plus que tout cela, c'était Chopin.

« ... Ce ne fut que rarement, à de très distants intervalles, que

Chopin se fit entendre en public ; mais ce qui eût été pour tout autre une cause certaine d'oubli et d'obscurité, fut précisément ce qui lui assura une réputation supérieure aux caprices de la mode, ce qui le mit à l'abri des rivalités, des jalousies et des injustices. Chopin, demeuré en dehors du mouvement excessif qui, depuis quelques années, pousse l'un sur l'autre, et l'un contre l'autre, les artistes exécutants de tous les points de l'univers, est resté constamment entouré d'adeptes fidèles, d'élèves enthousiastes, de chaleureux amis qui, tout en le garantissant des luttes fâcheuses et des froissements pénibles, n'ont cessé de répandre ses œuvres, et avec elles l'admiration pour son génie et le respect de son nom. Aussi, cette célébrité exquise, tout en haut lieu, excellemment aristocratique, est-elle restée pure de toute attaque. Un silence complet de la critique se fait déjà autour d'elle, comme si la postérité était venue ; et dans l'auditoire brillant qui accourait auprès du poète trop longtemps muet, il n'y avait pas une réticence, pas une restriction ; toutes les bouches n'avaient qu'une louange. »

Chopin fut content de son ami. Quelques semaines plus tard, il partait pour Nohant, plein d'idées mais sans vrai plaisir. « Je ne suis pas créé pour la campagne, disait-il ; cependant je jouis de l'air frais. » Ce n'était guère. De son côté, Sand écrivait : « Il voulait toujours Nohant et ne supportait jamais Nohant. » Ses désirs campagnards étaient vite assouvis. Il se promenait un peu, s'installait sous un arbre, ou cueillait quelques fleurs. Puis il retournait s'enfermer dans sa chambre. On lui reprochait d'aimer *la vie factice*. Ce qu'il aimait plutôt, c'était sa fièvre, son âme baissée en veilleuse, son état de *malade ordinaire* de Mme Sand. Il cultivait, sans s'en rendre compte, les vieux penchants de son enfance, ses irrésolutions, sa sensibilité la plus morbide, tous les raffinements de l'élégance et de l'esprit. Et ce qu'il n'aimait point, il se mit sans y songer à le haïr : le côté plébéien de George, ses rêves humanitaires, ses amis démocrates d'opinions et de naissance, ce Pierre Leroux surtout, si malpropre, si mal peigné, le col saupoudré de pellicules et qui venait toujours mendier quelques subsides. Ah ! qu'il faisait bon voir arriver Delacroix, ce pur dandy tiré à quatre épingles ! Lui et Frédéric ils avaient l'air de deux princes égarés en mauvaise compagnie à cette table où Leroux et les camarades d'atelier de Maurice exagéraient leur tenue débraillée. Les deux artistes se désolaient entre eux avec humeur que George tolérât tant de sans-gêne. Qu'eût dit Liszt, si difficile sur ce chapitre, et qui s'intitulait *professeur de bonnes manières* ? Mais Mme Sand ne voulait pas qu'on s'en tînt aux apparences. Elle passait sur les éclats de rire grossiers, les vociférations, les disputes de ses invités, la familiarité de ses domestiques, les saouleries de son frère Hippolyte. Elle n'entendait que la *sincérité* des cœurs, n'écoutait que les doctrines, et ne voulait pas qu'on prît « les mouches pour des éléphants ». Elle taxait les agacements de Chopin de maladifs, incompréhensibles, n'y voulait voir que les caprices d'un enfant de génie malade. Il se retirait dans sa chambre, boudait. On ne le voyait plus qu'aux repas, où il regardait tout le monde avec méfiance, avec dégoût.

Il y eut un incident assez pénible durant l'été de 1841, à cause de Mlle de Rozières, une élève de Chopin, qui était l'amie de George et la maîtresse d'Antoine Wodzinski. Chopin la trouvait intrigante, collante, et il lui déplaisait qu'elle eût su s'insinuer dans l'intimité de George. De plus, il la jugeait ostentatoire, pleine de fracas, grandiloquente dans l'expression de son amitié. Mais ce qui déchaîna sa colère, c'est qu'Antoine, inspiré peut-être par Mlle de Rozières, eût envoyé à sa famille une réplique de son buste à lui, Chopin, par le sculpteur Dantan. Quelle équivoque intention ne prêterait-on pas à un geste semblable ! Que pourrait en penser Marie, son ancienne fiancée ? Frédéric en fut bouleversé et il s'en plaignit à Fontana, qui avait fait présent de ce plâtre à Antoine. « Je n'ai donné aucune commission à Antoine, lui écrit-il... Et aux parents, combien cela leur paraîtra étrange... Ils ne croiront jamais que ce n'est pas moi qui le lui ai donné. Ce sont des choses très délicates auxquelles il ne faut pas toucher... Mlle de Rozières est indiscrète, aime à faire montre de son intimité, se mêle volontiers des affaires d'autrui ; elle embellira, exagérera tout ceci et fera un bœuf d'une grenouille, ce qui ne lui arrivera pas pour la première fois. C'est (entre nous), un cochon insipide qui d'une manière étonnante sut se creuser un passage dans mon enclos, y remue la terre et y cherche des truffes parmi les roses. C'est une personne à laquelle il ne faut point toucher, car dès qu'on y touche, il en résulte une indiscrétion inénarrable. Enfin, c'est une vieille fille ! Nous autres, vieux cavaliers, nous valons bien mieux ! »

De son côté, George signale à cette demoiselle l'irritation du grand homme. Elle s'épanche dans ce cœur ami. Car n'est-elle pas visée en dessous et percée à coups d'épingle chaque fois qu'elle prend parti contre les jugements de son ami ? « Si je n'étais témoin de ces engouements et de ces désengouements maladifs depuis trois ans, je n'y comprendrais rien, mais j'y suis malheureusement trop habituée, écrit-elle. J'ai essayé de lui remettre l'esprit en lui disant que W. ne viendrait pas, qu'il pourrait y compter. Il a sauté au plafond en disant que si j'en avais la certitude, apparemment c'est que je lui avais fait savoir la vérité. Là-dessus j'ai dit *oui,* j'ai cru qu'il deviendrait fou. Il voulait s'en aller, il disait que je le faisais passer pour fou, pour jaloux, pour ridicule, que je le brouillais avec ses meilleurs amis, que tout cela venait des *caquets* que nous avions faits ensemble, vous et moi, etc... Enfin, comme de coutume, il veut que personne ne souffre de sa jalousie, excepté moi. » Et plus loin : « Je n'ai jamais eu de repos et je n'en aurai jamais avec lui. — Avec cette organisation désespérante, on ne peut jamais rien savoir. Avant-hier, il a passé la journée entière sans dire une syllabe à qui que ce soit... Je ne veux pas qu'il se croie le maître. Il en serait d'autant plus ombrageux à l'avenir, et tout en gagnant cette victoire, il en serait désespéré, car il ne sait ce qu'il veut, ni ce qu'il ne veut pas. »

Certes, Chopin était jaloux. Mais il faut donner à ce mot un sens un peu différent de l'usuel. Ce n'étaient pas des jalousies d'amant. Sa jalousie s'étendait sur toutes les influences, les désirs, les curiosités, les amitiés de sa maîtresse. C'était le sauvage besoin d'une possession absolue. Il lui fallait savoir à toute heure que toutes les sources vitales de George prenaient naissance dans son cœur à lui ; que s'il était l'enfant par les sens, il était le père par l'esprit. Il lui fallait sentir que son règne effaçait les règnes précédents, les abolissait, et qu'en l'adoptant, en l'aimant, George était née de nouveau. Il aurait voulu qu'elle ignorât l'existence même du mal, qu'elle ne s'en souvînt pas en lui parlant, que sans cesser d'être bonne, tendre, dévouée, voluptueuse, maternelle, elle fût encore la pâle, l'innocente, la sévère, la virginale épouse de son âme. « Il n'eût demandé que cela, ce pauvre amant de l'impossible... » notait Sand. Et lorsqu'il sentait lui échapper cette universelle propriété que devait lui fournir son amour, il n'en voulait plus, il en repoussait les dérisoires succédanés.

C'est par excès d'appétit qu'il refusait ces faibles nourritures. Gavé par ce qu'il recevait, il restait affamé de ce qu'on ne lui donnait pas.

Assurément, il avait quelque raison d'être jaloux de tous, d'un domestique un peu hardi, du médecin, d'un grand benêt de cousin demi-bourgeois, demi-manant, qui venait apporter son gibier à la châtelaine de Nohant, d'un chemineau, d'un braconnier au visage énergique ; car le malade aux nerfs aiguisés sentait fort bien quels troubles, quels désirs ces passants jetaient dans une femme dont *l'exercice des émotions* était la vraie loi de connaissance. D'une femme — il le savait — qui n'eût jamais ni peurs, ni scrupules devant ce genre d'expériences. Alors il trouvait de l'esprit pour la tourmenter, « il avait l'air de mordre tout doucement pour s'amuser, et la blessure qu'il faisait pénétrait jusqu'aux entrailles. » Puis il quittait la place sur une phrase absolument polie, mais glacée, et retournait s'enfermer chez lui. Au cours de ses nuits laborieuses, George se servait à elle-même d'écorchée, épluchait l'âme fuyante de son amant et, en bonne femme de lettres qu'elle était, traçait leur double portrait dans sa *Lucrezia Floriani*. Était-ce inconscience, sadisme, obscure vengeance qui la poussait, les lendemains, à faire lire par Chopin ces reconstructions impitoyables ? Mais l'artiste ne s'apercevait de rien. Ou du moins, il faisait semblant. Il se penchait sur ces feuilles, il admirait, complimentait. Mais, comme toujours, il ne livrait rien de sa vie intérieure, et, si Lucrezia se délivrait en s'écrivant, le prince Karol retournait dans sa chambre où les sons légers du piano interprétaient toute cette misère refoulée. Lui aussi il tenait à sa peine, et même aux signes matériels de sa peine. « Prends bien soin de mes manuscrits, recommande-t-il à Fontana, ne les froisse pas, ne les salis pas, ne les déchire pas... J'aime tant *mon ennui écrit*, que je tremble toujours pour mes papiers. »

« *L'amitié* de Chopin... » écrivait George. Ou bien : « Notre histoire, à nous, n'avait rien d'un roman. » Et même : « Son piano était bien plus son tourment que sa joie. » Ceci montre à quel point les êtres qui ont mêlé leurs vies peuvent réserver leur âme. En voici deux, bien pénétrantes, bien avides, et qui pourtant ne s'épousèrent jamais.

Dans l'automne de 1842, George Sand et Chopin quittent la rue

Pigalle pour aller s'installer dans les appartements n°s 5 et 9 du square d'Orléans. Entre eux, au n° 7, habite leur grande amie, Mme Marliani, femme d'un homme politique espagnol. Tout à côté logent Pauline Viardot et le sculpteur Dantan. On établit là une espèce de phalanstère qui les divertit et où la liberté est « garantie ». Chacun travaille et vit chez soi. Les repas sont pris à frais communs chez Mme Marliani. Sand a un billard, Chopin un grand salon pour ses pianos. L'ameublement est moderne, de style Louis-Philippe, avec une pendule et des flambeaux empire sur la cheminée. Derrière l'un des pianos, un tableau de Frère représente une caravane dans le désert. Au-dessus de l'autre, un pastel de Coignet montre les Pyramides. Pendant le jour on ne se voit guère, mais le soir ils courent les uns chez les autres comme bons voisins de province. Chopin cultive toujours la société élégante et reçoit chez lui ses élèves titrées et amoureuses. Mais il n'accueille qu'avec beaucoup de répugnance les innombrables pianistes ou curieux qui viennent maintenant lui faire visite et sollicitent son appui.

Un jour, son valet apporte à Chopin la carte d'un sieur W. de Lenz, virtuose et musicographe russe. Chopin ne le recevrait pas (cet ennemi de sa Pologne moins encore que quiconque), si la carte ne portait au crayon ces mots : *laissez passer, Franz Liszt*. Il se décide donc à faire entrer ce monsieur légèrement importun et le prie de s'asseoir au piano. Lenz joue bien, on voit qu'il est élève de Liszt. Il se produit dans une ou deux mazurkas de Chopin, et, comme son maître, y ajoute quelques traits. Chopin s'en amuse et s'en agace un peu.

— Il faut qu'il touche à tout, ce bon Franz ! Mais une recommandation de lui mérite quelque chose ; vous êtes le premier élève qui vienne de sa part. Je vous donnerai deux leçons par semaine. Soyez ponctuel ; avec moi tout est à l'heure, ma maison est un pigeonnier...

Chopin l'invite à revenir en ami pour faire la connaissance de Mme Sand, parce que M. de Lenz en exprime le vif désir. Donc, il arrive un soir et Chopin le présente à George, à Pauline Viardot, à Mme Marliani. Sand ne dit pas un mot, hostile, fermée, car elle déteste les Russes ; mais Lenz s'assied exprès à côté d'elle. Il observe que Chopin voltige tout autour « comme un petit oiseau effrayé dans sa cage ». Pour rompre les chiens, Chopin demande à Lenz de jouer *l'Invitation à la valse*, une élégante spécialité du Russe qui, quelques années auparavant, l'avait révélée à Liszt lui-même. Lenz s'exécute, un peu intimidé. Sur quoi George continue de garder le silence ; Chopin lui tend la main aimablement, puis il s'assied avec embarras derrière la table où brûle une lampe *Carcel*.

— Est-ce que vous ne viendrez pas une fois à Petersburg ? demande l'étranger en s'adressant à Sand

— Je ne m'abaisserai jamais à un pays d'esclaves !

— Vous auriez raison de ne pas venir, vous pourriez trouver la porte fermée.

George, interloquée, ouvre ses grands yeux, que Lenz qualifie dans ses notes de « beaux grands yeux de génisse. » Chopin, pourtant, ne paraît pas mécontent, comme s'il approuve qu'on tienne tête à sa maîtresse. Alors elle se lève, va devant la cheminée où flambe une bûche et allume un gros cigare *trabucco*.

— Frédéric, un fidibus, crie-t-elle.

Il se lève et apporte le tison enflammé.

— À Petersburg, reprend George en soufflant un nuage de fumée, je ne pourrais probablement pas même fumer un cigare dans un salon ?

— Dans aucun salon, Madame, je n'ai jamais vu fumer un cigare, riposte l'homme assez mal élevé qu'est Lenz en lorgnant les tableaux.

Il faut supposer toutefois que ces manières robustes ne déplurent pas entièrement, puisque le lendemain de cette visite, pendant que Chopin lui donnait sa leçon, il dit à Lenz :

— Madame Sand croit avoir été impolie envers vous. Elle peut être si aimable. Vous lui avez plu.

On devine à quelles attractions obscures cette sensuelle obéissait. Les prises de corps peuvent être précédées par des prises de bec. Mais c'est à quoi Chopin est bien impropre, lui qui a si peu de muscles, si peu de souffle, et la peau si délicate « qu'une piqûre de cousin y fait une plaie profonde ». Toute la complication vient de ce qu'il aime encore d'amour alors qu'elle se cantonne depuis longtemps dans l'affection. Son petit Chopin, elle l'aime, elle l'adore, mais comme elle aime Maurice et Solange.

Dans les mois où ils vivent séparés, elle est toujours inquiète de sa santé. Elle sait qu'il se gouverne mal. Elle écrit aux uns et aux autres pour leur recommander une surveillance discrète. N'oublie-t-il pas d'avaler son chocolat le matin, son bouillon à dix heures ? Qu'on l'oblige à se soigner, à ne pas sortir sans foulard.

Mais lui, il a trouvé un moyen neuf pour exalter encore des sentiments dont le déséquilibre même est un actif stimulant de production artistique : il ne veut pas lui donner de soucis, il la laissera dans l'ignorance de son mal moral et physique, de ses angoisses, de ses crachements de sang. Qu'elle, du moins, ait le repos nécessaire à sa tâche.

Dans tout sacrifice consenti à l'amour il y a des joies humbles et d'autant plus profondes qu'elles restent cachées. Mais c'est l'amour le plus enseveli qui nourrit le mieux.

George passe maintenant une partie de ses hivers à la campagne tandis que Chopin se fatigue à Paris. Il s'agit de n'en rien laisser voir. Ses lettres sont gaies, confiantes. La maladie est loin, à ce qu'il prétend, il n'a que du bonheur devant soi. « Votre jardinet (du Square d'Orléans) est tout en boules de neige, en sucre, en cygne, en hermine, en fromage à la crème, en mains de Solange et en dents de Maurice. Soignez-vous, ne vous fatiguez pas trop avec vos paquets. Votre toujours plus vieux que jamais, et beaucoup, extrêmement, incroyablement vieux, Ch... » Peut-être ne s'est-il jamais senti plus seul, le petit souffreteux, comme le nommait sa maternelle amie. Mais c'est un homme de solitude.

À quarante ans de là, j'en vois un autre qui lui ressemble et se nourrit lui aussi d'un *moi* terriblement dur, un moi qui, pas plus que celui de Chopin, ne peut se répandre sur les êtres, saigner sur eux, parce qu'il est trop haut, trop sauvage, trop pudique : c'est Nietzsche. Il n'est pas surprenant que Nietzsche aimât Chopin à l'égal d'un frère choisi. Leur amour à tous deux était trop grand pour leur cœur.

Lorsque j'entends jouer le *Nocturne en ut mineur* (op. 48), où, sous tant de souffrance réservée, éclate pourtant, mêlé au *malheur*, cet *idéal* qui ne se construit que sur les joies créatrices de l'esprit, je pense à une page écrite par Nietzsche dans une loggia qui domine la place Barberini à Rome, au mois de mai 1883. C'est ce beau *Chant de la nuit,* où passent les visions noires et bleues de Chopin, son regard de fleur, ses yeux de jeune fille, et son cœur si « extrêmement, incroyablement vieux ». Quelques fragments de ces strophes me paraissent fournir au nocturne dont je parle — et aux solitudes finales où le poète va maintenant entrer — un commentaire digne d'eux. Avant de les rapporter, je dirai encore qu'une tradition parmi les artistes polonais veut que ce morceau ait été composé un jour d'orage où Chopin s'était réfugié dans l'église de Saint-Germain-des-Prés. Il écouta l'office parmi les roulements du tonnerre, et, rentré chez lui, improvisa l'admirable choral qui forme le centre de cette solennelle élévation. Mais cela ne me retient nullement d'associer cette prière au chant païen de Nietzsche. Bien au contraire : l'une et l'autre ont cet élan, ce point d'enthousiasme qui fait s'écrier le philosophe : « il y a en moi un désir d'amour qui parle lui-même le langage de l'amour. »

Le Chant de la Nuit

« Il fait nuit : voici que s'élève plus haut la voix des fontaines jaillissantes. Et mon âme, elle aussi, est une fontaine jaillissante.

« Il fait nuit : voici que s'éveillent tous les chants des amoureux. Et mon âme, elle aussi, est un chant d'amoureux.

« Il y a en moi quelque chose d'inapaisé et d'inapaisable qui veut élever la voix. Il y a en moi un désir d'amour qui parle lui-même le langage de l'amour.

« Je suis lumière : ah ! si j'étais nuit ! Mais ceci est ma solitude, d'être enveloppé de lumière.

―――

« Ma pauvreté, c'est que ma main ne se repose jamais de donner ; ma jalousie, c'est de voir des yeux pleins d'attente et des nuits illuminées de désir.

« Ô misère de tous ceux qui donnent ! Ô obscurcissement de mon soleil ! Ô désir de désirer ! Ô faim dévorante dans la satiété. »

―――

Ainsi chantait Zarathoustra.

CHAPITRE QUINZE
CHAGRINS, HAINES

Il semble que ce soit vers 1842 que la vie, en Chopin, commence à baisser de ton. Même la volonté de guérir, pour qui l'eût-il cultivée, maintenant que l'amour n'est plus en avant, mais en arrière de lui ? Les amants qui sentent tarir en eux le pouvoir de souffrir, s'abandonnent tout de suite aux doux appels de la mort. S'ils disparaissent, on les plaint d'avoir été faibles. S'ils survivent, on leur reproche d'être cyniques. Eux-mêmes ne se doutent pas qu'ils sont vidés de leur substance, comme ces arbres creux, feuillus encore, mais dont un coup de vent aura raison. Chopin mourant se croyait éternel.

Au printemps de 42, son ami d'enfance Matuszinski succomba à la tuberculose. Au mois de mai 44, son père s'éteignit à Varsovie. C'était la fin d'un juste. Il ferma les yeux en regardant les portraits et le buste de son fils bien-aimé et demanda qu'après sa mort l'on ouvrît son corps parce qu'il craignait d'être enterré vivant.

Ces deux coups furent terribles pour l'artiste. Pourtant il écrivait aux siens : « J'ai déjà survécu à tant de gens plus jeunes et plus forts que moi qu'il me semble être éternel... Ne vous inquiétez jamais de moi : Dieu étend sur moi sa grâce. » Devant la persistance de sa dépression, George eut la pensée d'inviter à Nohant la sœur aînée de

Frédéric et son mari : le ménage Iedrzeiewicz. Il fallut les prévenir des grands changements qu'ils allaient découvrir dans la santé de leur frère. George leur écrivit :

« Vous allez trouver mon cher enfant bien chétif et bien changé depuis le temps que vous ne l'avez vu, mais ne soyez pourtant pas trop effrayés de sa santé. Elle se maintient sans altération générale depuis plus de six ans que je le vois tous les jours. Une quinte de toux assez forte, tous les matins, deux ou trois crises plus considérables et durant chacune deux ou trois jours seulement, tous les hivers ; quelques souffrances névralgiques, de temps à autre, voilà son état régulier. Du reste, sa poitrine est saine et son organisation délicate n'offre aucune lésion. J'espère toujours qu'avec le temps elle se fortifiera, mais je suis sûre du moins qu'elle durera autant qu'une autre, avec une vie réglée et des soins. Le bonheur de vous voir, quoique mêlé de profondes et douloureuses émotions qui le briseront peut-être un peu le premier jour, lui feront pourtant un grand bien et j'en suis si heureuse pour lui que je bénis la résolution que vous avez prise... Il y a longtemps qu'il ne s'occupe que du bonheur de ceux qu'il aime, à la place de celui qu'il ne peut partager avec eux. Pour ma part, j'ai fait tout ce qui dépendait de moi pour lui adoucir cette cruelle absence, et, bien que je ne la lui aie pas fait oublier, j'ai du moins la consolation de lui avoir donné et inspiré autant d'affection que possible après vous autres. »

George écrivit même à Mme Nicolas Chopin pour lui assurer que désormais elle consacrerait à Frédéric sa vie, et le regarderait comme son propre fils.

Louise et son mari vinrent donc en 1844 passer à Nohant une partie de l'été. Et la joie qu'en eût Chopin se transposa en un sentiment nouveau de gratitude pour son amie. L'amertume quitta un peu son âme, le rendit plus fort et plus courageux. La confiance même lui revint pour un temps. Le côté filial et familial de sa tendresse s'en trouva renforcé.

Après leur départ, Frédéric s'accroche davantage à ses bien-aimés, à ces morceaux de lui-même. Il les revoit en songe. Il cherche leurs places sur le canapé, conserve comme une relique une pantoufle brodée oubliée par sa sœur, se sert du crayon de son portefeuille, comme autrefois Marie Wodzinska se servait du sien. Il leur donne des nouvelles de l'automne, du jardin. Il entre dans les plus petits détails, jusqu'à parler du petit ours qui monte et descend sur le baromètre. Comme on voit bien tout ce qui manque à cet amant manqué !

À la promenade, il suit les autres sur un âne, pour se fatiguer moins. Mais l'automne est froid, pluvieux, et Chopin passe plus de temps devant son piano que dehors. Puis il retourne à Paris et se réinstalle au Square d'Orléans tout au début de novembre. George se préoccupe sérieusement cette fois de « son cher cadavre », le recommande aux amis pendant qu'elle reste à la campagne. Cette époque est marquée de part et d'autre par une flambée de sollicitude affectueuse. Chopin ne veut pas qu'elle s'inquiète et continue de dissimuler les progrès de la maladie. À son insu, George s'informe de lui. « Il ne faudrait pas qu'il sache… » « Je ne puis me passer de ces préoccupations qui font le bonheur de ma vie… » « Décidément, je ne pourrais pas vivre sans mon petit souffreteux. » Elle se rend compte que l'organisme de *Chip* est atteint de manière tout à fait grave. Il décline visiblement. Le mauvais hiver, les nerfs, l'irritation, la bronchite persistante en sont peut-être la cause. Toutefois l'amour pouvait encore beaucoup. Mais l'amour s'est réfugié apparemment dans les seuls sentiments de famille. « … Qu'il n'ait jamais d'inquiétude sur votre compte à tous, écrit George à Louise, car son cœur est toujours avec vous et à toute heure il se tourmente et s'élance vers sa chère famille. »

Pendant l'hiver de 45 et le printemps de 46, il souffre de la grippe. Cependant il ne forme pas d'autres plans que les usuels et il projette de passer l'été à Nohant. Avant de partir, il donne chez lui un petit dîner. « De la musique, des fleurs, des boustifailles. » Comme invités : le prince Czartoryski et sa femme (celle-ci pour le dire en passant, est la plus brillante et la plus authentique des élèves féminins de son maître) ; la princesse Sapieha, Delacroix, Louis Blanc, Pauline Viardot, enfin les vieux amis. Mais en arrivant à Nohant, tout lui paraît étranger, comme dans une maison désertée par la vie. Il change son piano de place, dispose sa table autrement, ses volumes de poésie, sa musique. « J'ai toujours un pied chez vous, écrit-il à

Louise et à son mari, l'autre dans la chambre à côté où travaille mon hôtesse, et pas du tout chez moi en ce moment, mais bien, comme d'ordinaire, *dans d'étranges espaces*. Ce sont sans doute des espaces imaginaires, mais je n'en rougis pas. » Son plaisir est de se faire chanter par Pauline Viardot des mélodies espagnoles qu'elle a notées elle-même. « J'aime beaucoup ces chansons ; elle m'a promis de vous les chanter quand elle passerait à Varsovie. Cette musique vous unira à moi ; je l'ai toujours écoutée avec un grand enthousiasme. »

Mais il faut regarder en dessous de la surface, car dans les profondeurs de tous ces êtres qui vivent en commun, un drame se prépare. On peut dire qu'il couve depuis déjà plusieurs années. Et ce n'est ni George ni Frédéric qui seront les auteurs responsables de son explosion, mais les enfants.

Il y a d'abord Maurice, l'aîné, jeune homme de vingt-deux ans adoré par sa mère et très gâté par elle, élevé à la diable, peintre à ses heures, littérateur à d'autres, collectionneur de lépidoptères et de minéraux, qui promet au total de devenir un type assez complet de raté intelligent. Il n'est pas sans talent, a de l'allure, de la gaîté, mais un petit ton âpre et cassant. Depuis le voyage de Majorque il avait eu le temps de s'habituer à Chopin, ayant vu pour ainsi dire chaque jour cet ami de sa mère. Mais, s'il y eut d'abord entre eux une certaine sympathie, elle s'est vite relâchée, et voici plusieurs années déjà qu'ils ne s'entendent pas. Sans doute ceci est-il fort explicable. Maurice aime par-dessus tout sa mère et il voit bien que sa vie n'est pas facile, unie ; il surprend des disputes, il s'agace des nervosités de l'homme prétendu grand et qu'il voit, lui, sous les traits d'un malade difficile, renfermé, et quelquefois mauvais. Peut-être même souffre-t-il des sourires équivoques qui soulignent le passage des deux amants célèbres. Et puis son père, ce médiocre Dudevant, doit lâcher parfois de grosses pointes outrageantes quand son fils va le voir. Il est froissé aussi par le caractère de Chopin, ses manières de grand seigneur, l'œil souvent dédaigneux de ce pique-assiette compliqué et encombrant. Or les enfants ne pardonnent jamais à l'étranger qui se permet une critique, et d'autant moins qu'elle est fondée. Chopin en fait une, assez vive, à propos de Maurice et d'Augustine. Cette Augustine était une nièce de Mme Sand, fille de sa cousine Adèle Brault, laquelle appartient à la lignée toute peuple de la famille et n'était rien d'autre qu'une dame galante. Par pitié pour la jeune fille, George l'avait prise chez elle, où Augustine, charmante et d'un cœur tendre, était devenue la favorite de la jeunesse, à l'exception d'une seule personne : Solange. Chopin n'aimait pas Augustine. Il prit le parti de Solange. Quant à Maurice, ennemi né de sa sœur, il fut à ce point pour Augustine, qu'on le soupçonna d'être devenu son amant. George le nie avec force, avec autorité. Mais Chopin le croit volontiers, d'abord parce que son intuition le veut ainsi, ensuite parce que Solange cherche, par toutes sortes de moyens, à ancrer cette idée dans sa tête.

Une bizarre fille, cette Solange. Au physique, le portrait de sa bisaïeule Marie-Aurore de Saxe, c'est-à-dire blonde, fraîche, admirablement bien faite. Au moral, d'un esprit froid, brillant et vif, passionnée, vaniteuse, très excitable, sournoise, peut-être fausse, en tout cas volontaire, vicieuse sans aucun doute, nullement équilibrée. On traite toujours de cœur dur cette névrosée qui aurait pu se développer de façon bien intéressante. On la brime, on l'aigrit, on la rend impitoyable. Pauline Viardot prétend qu'elle fait le mal par amour de l'art. C'est qu'elle est née ardente et malheureuse. Une nature comme celle-ci a besoin d'être aimée à fond, et ses duretés lui sont venues surtout par jalousie. Ce sont les offenses lentement enregistrées par son cœur qui l'ont faite solitaire et mauvaise. Sa mère elle-même disait : « Elle a dix-neuf ans, elle est belle, elle a une intelligence remarquable, elle a été élevée avec amour dans des conditions de bonheur, de développement, de moralité, qui auraient dû en faire une sainte ou une héroïne. Mais ce siècle est maudit et elle est l'enfant de ce siècle... Tout est passion chez elle, et passion *glacée,* ce qui est bien profond, bien inexplicable, et bien effrayant. » À qui la faute ? C'est dans les familles seulement qu'on trouve ces sortes de haines raffinées qui sont une des formes tristes de l'amour.

Il y a longtemps que le mystère de cette âme attire Chopin. Et d'abord Solange est coquette. Depuis sa puberté elle essaye sur lui le pouvoir de son âge trouble, et ce nerveux n'y paraît pas insensible. Ne retrouve-t-il pas en elle les séductions et même cette grâce animale et libre que devait avoir George à quinze ans ? Un amant aime, dans la fille de sa maîtresse, les bonheurs qu'il n'a pas eus et le souvenir rajeuni de ses souffrances. Solange est moins franche que sa mère, assez perverse même. Elle tâte de quelques jeux pas très innocents ; par goût d'abord, et aussi pour apaiser cette rancune amoureuse qu'elle voue aux siens. Il serait beau de venger son cœur méprisé en ôtant à celui de sa mère la tendresse de Chopin. Un autre attrait de celui-ci sur Solange c'est son élégance, sa distinction, ses hautes relations mondaines. Car elle est snob, et il fait délicieux se réfugier dans le salon du grand ami tout peuplé de comtesses, quand celui de sa mère résonne des rires de Maurice et de ses camarades, ou des « grandes pensées » de Pierre Leroux. On y trouve même en ces derniers temps une horde de poètes-artisans dont la romancière est entichée.

C'est donc tout un drame obscur, journellement avorté, mais journellement repris, semé de malentendus et compliqué de gêne. Car Sand, bien des fois, voudrait s'en expliquer avec son amant, l'obliger à intervenir. Mais il se dérobe, ou bien prend ouvertement le parti de Solange. George s'essaye en vain à briser sa fille. Elle se briserait plutôt elle-même contre les aspérités de ce caractère, en tant de choses si semblable au sien.

De ces mésintelligences, c'est Chopin qui souffre le plus, puisque jamais il ne peut se délivrer par la parole, les vaines explications, puisque jamais il ne peut rien exprimer qu'en musique. Sa nervosité augmente. Il se laisse agacer jusqu'aux larmes par des histoires de domestiques. Il ne conçoit pas qu'on puisse renvoyer un vieux serviteur, et précisément Mme Sand, cette bonne *communiste*, fait maison neuve à tour de bras. C'est une calamité. Le valet de chambre polonais de Frédéric est congédié « parce qu'il ne plaît pas aux enfants. » (Lisez : à Maurice et à Augustine). C'est le vieux jardinier Pierre qu'on liquide, après quarante années de service. Vient ensuite le tour de Françoise, la femme de chambre, à qui George avait pourtant dédié une de ses œuvres. « Fasse le Ciel, écrit Frédéric à sa sœur, que les nouveaux plaisent davantage au jeune homme et à la cousine. » Il est fatigué. Et, quand il est fatigué, il n'est pas gai, cela déteint sur l'humeur de chacun. Il se sent vieux.

George aussi se sent vieille. Elle a quarante-deux ans. Et tout en rédigeant un passage de sa *Lucrezia Floriani*, elle songe si fort à elle-même, à son premier amant, qu'elle retourne pour la première fois depuis quinze années dans le petit bois qu'elle voit de sa fenêtre, où elle donnait ses rendez-vous à Jules Sandeau. C'est dans ce *bois sacré* que sa fuite de la maison conjugale avait été décidée, en 1831. Elle y cherche, elle y retrouve un arbre sous lequel son amant avait coutume de l'attendre. Leurs initiales, gravées dans l'écorce, s'y voyaient encore faiblement. « Elle repasse dans sa mémoire les détails et l'ensemble de sa première passion et les compare à ceux de la dernière, non pour établir un parallèle entre deux hommes qu'elle ne songea pas à juger froidement, mais pour interroger son propre cœur sur ce qu'il pouvait encore ressentir de passion et supporter de souffrances... Suis-je encore capable d'aimer ? Oui, plus que jamais, puisque c'est l'essence de ma vie et que je me sens vivre avec intensité par la douleur ; si je ne pouvais plus aimer, je ne pourrais plus souffrir. Je souffre, donc j'aime et j'existe. » Et pourtant elle sent qu'il faut renoncer à quelque chose. À quoi donc ? À l'espérance du bonheur ? « À un certain âge, finit-elle par penser, il n'y a plus de bonheur que celui qu'on donne. En chercher un autre est insensé... Alors la Floriani fut saisie d'une immense douleur en disant un éternel adieu à ses chères illusions. Elle se roula par terre, noyée de larmes. »

C'est un temps dur, un temps de crises que cette fin d'été de 1846. Le ciel lui-même est plein d'orages. Pourtant Chopin travaille. Il écrit aux chéris de Varsovie. Il leur raconte toutes les histoires dont il faut bourrer une lettre lorsqu'on veut masquer ses sentiments : la girafe du Jardin des Plantes est morte ; les *Italiens* ont fait à Paris leur réouverture ; M. Leverrier a trouvé une nouvelle planète ; M. Faber, de Londres, professeur de mathématiques, a construit un automate qui chante un air de Haydn et le *God save the Queen*. « Je joue un peu, j'écris un peu aussi. De ma sonate avec violoncelle, je suis parfois content, parfois mécontent ; je la jette dans un coin puis je la reprends. J'ai trois mazurkas nouvelles (en si majeur, fa mineur, et do dièse mineur, dédiées à la comtesse Czosnowska ; ce sont ses dernières œuvres : op. 63 et 65). Quand on les compose, il semble que ce soit bien ; s'il en était autrement, on n'écrirait jamais. Plus tard vient la réflexion et on rejette, ou on accepte. Le temps est le meilleur juge et la patience le meilleur maître. J'espère recevoir bientôt une lettre de vous, cependant je suis tranquille, et je sais qu'avec votre nombreuse famille il est difficile que chacun m'écrive un mot, surtout qu'à nous la plume ne suffît pas ; je ne sais pendant combien d'années nous devrions bavarder pour être au bout de notre latin, comme on dit ici. C'est pour cela que vous ne devez pas vous étonner ni vous attrister quand vous n'avez pas de lettre de moi, car il n'y a pas de cause réelle, pas plus que chez vous. Une certaine peine s'unit au plaisir de vous écrire ; c'est la certitude qu'entre nous il n'y a pas de paroles, à peine des faits... L'hiver ne s'annonce pas mauvais, et en me soignant quelque peu il passera comme le précédent, et grâce à Dieu pas plus mal. Combien de personnes vont plus mal que moi ! Il est vrai que beaucoup vont mieux, mais à celles-là je ne pense pas. »

A-t-on noté ce mot : « Surtout qu'à nous la plume ne suffit pas... » Voilà la sourdine exquise des plaintes de Chopin. À George, la plume suffit. Autour de Frédéric, à défaut d'être heureux, on est bruyant. On joue la comédie. On organise des tableaux vivants, des charades. La pantomime, pour laquelle tout le monde se passionne bientôt, est de l'invention de Chopin. C'est lui qui tient le piano et improvise pendant que les jeunes gens dansent des ballets comiques, aidés de quelques invités : Arago, Louis Blanc. Mais personne ne se doute qu'entre George et Frédéric la rupture est consommée. Depuis longtemps les désirs sont morts. Et voici que la tendresse, l'affection, ne subsistent plus que d'un seul côté. En pleurant dans le *bois sacré* sur sa jeunesse achevée, George a donné ses dernières larmes.

Désormais elle ne sera plus que mère, impitoyablement mère, et seulement de ses *deux* enfants. Elle s'occupe maintenant de marier Solange. Deux ou trois prétendants se succèdent à Nohant coup sur coup : Victor de Laprade, puis un jeune homme berrichon avec qui Solange flirte allègrement...

Un beau jour enfin, entre Maurice et Chopin une dispute éclate sur un propos futile. Une de ces disputes graves, irrémédiables. Ils se blessent avec acharnement. Un moment après ils s'embrassent, « mais le grain de sable est tombé dans le lac tranquille et peu à peu les cailloux y tombent un à un », écrit George. Cela recommence bientôt. Maurice parle de quitter la partie et la maison. Sa mère se range de son côté, naturellement. Alors Chopin baisse la tête. C'est lui qui s'en ira. Personne ne dit mot pour le retenir.

Il se mit en route dans les premiers jours de novembre. Sept ans et demi auparavant, il était arrivé à Nohant pour la première fois, le corps déjà bien délabré. Mais ce n'est rien quand l'âme est solide. Or, en ce jour d'arrière-automne, elle aussi avait croulé.

On vit le malade, enveloppé de couvertures, monter dans sa calèche. De sa main pâle et sèche il fit un signe d'adieu. Personne n'en comprit le sens. Pas même lui. Il allait entrer dans la mort.

CHAPITRE SEIZE
HISTOIRE D'UNE RUPTURE

À Paris, il y avait beaucoup de malades. Grzymala venait de passer dix-sept jours sans dormir ; Delacroix, plus souffrant que jamais, se traînait quand même au Luxembourg. Chopin, lui aussi, cherche à donner le change, comme il l'a fait durant toutes ces dernières années. Mais à la longue il est bien forcé d'avouer qu'il n'a pas le courage de quitter un instant sa cheminée. Arrive le jour de l'An de 1847. Il envoie à George les bonbons d'usage, ses vœux, et, tout emmitouflé de manteaux, se fait conduire à l'hôtel Lambert, chez ses amis Czartoryski.

À Nohant, on fait semblant d'être heureux. La pantomime sévit. On brosse des décors ; on coud des costumes. Cette famille si *unie* jouait aussi sa comédie. Mais tout à coup l'on plie bagage pour rentrer à Paris au début de janvier, laissant en plan M. des Préaulx, le fiancé de Solange. Et à peine est-on installé depuis un mois au Square d'Orléans que tout change de face par l'entrée en scène d'un nouvel acteur : le sculpteur Clésinger. C'était un homme de trente-trois ans, violent, sanguin, enthousiaste, qui venait seulement de se faire connaître dans les expositions et gagnait du premier coup la gloire. Il avait demandé à faire le buste de Mme Sand, vint chez elle, vit Solange et s'en éprit à l'instant. Elle s'enflamma presque aussi vite. Le mariage projeté avec M. des

Préaulx fut remis aux calendes, malgré les perplexités de George, qui avait recueilli sur le sculpteur des renseignements assez fâcheux. « Un monsieur bruyant et désordonné, un ci-devant cuirassier devenu un grand sculpteur, se conduisant partout comme au café du régiment et à l'atelier », disait Arsène Houssaye. Toute décision fut prorogée. La romancière remmena sa fille à Nohant dès après les premiers jours de la Semaine Sainte, au commencement d'avril.

Chopin eut tout de suite sur ces événements un sentiment arrêté. D'abord, le regret de voir manquer l'union berrichonne, qui lui paraissait convenable et douce. Ensuite, une répugnance instinctive le rendit hostile au « tailleur de pierre », comme il appelait Clésinger. Il écrivit aux siens : « Sol ne se marie pas encore, et quand ils sont tous arrivés à Paris pour faire le contrat, elle n'en a plus voulu. Je le regrette et je plains le jeune homme qui est très honnête et très épris ; mais il vaut mieux que cela soit arrivé avant le mariage qu'après. Soi-disant c'est remis à plus tard, mais je sais ce qui en est. » George, de son côté, confie son inquiétude à un ami : « En six semaines elle a rompu un amour qu'elle éprouvait à peine, elle en a accepté un autre qu'elle subit ardemment. Elle se mariait avec celui-ci, elle le chasse et épouse celui-là. C'est bizarre, c'est hardi surtout, mais enfin c'est son droit et le destin lui sourit. À un mariage modeste et doux elle substitue un mariage brillant et brûlant. Elle domine tout et m'emmène à Paris à la fin d'avril... Le travail et l'émotion prennent tous mes jours et toutes mes nuits... Il faut que ce mariage se fasse impétueusement, comme par surprise. Aussi est-ce un secret *grave* que je vous confie et que Maurice lui-même ne sait pas (il est en Hollande). »

Chopin surtout ne devait rien savoir, Chopin à qui l'on refuse maintenant toute participation trop intime aux affaires de famille. George se sent vraiment commandée cette fois, par ce Clésinger farouche qui prétend parvenir coûte que coûte à ses fins. Il apparaît brusquement à La Châtre, il a des rendez-vous avec Solange dans les bois, il exige une réponse catégorique. Naturellement elle dit oui puisqu'elle aime. George est obligée de céder malgré ses appréhensions, son effroi. Le 16 avril, elle appelle son fils à la rescousse, car elle a peur, elle a besoin d'être rassurée. Elle ajoute en fin de lettre : « Pas un mot de tout cela à Chopin, cela ne le regarde pas et quand le Rubicon est passé, les *si* et les *mais* ne font que du mal. »

Quand le Rubicon est passé... Une fois de plus ! Combien de fois l'a-t-elle passé dans sa vie, cette vieille habituée des ruptures ? Et pourtant elle fait semblant de ne pas voir que c'est le point critique de sa longue liaison. Le mariage de Solange, ce fait en somme tout extérieur à sa vie amoureuse, le voici devenu la planche où s'accroche encore la main du pianiste, et qu'elle repousse d'un coup de son talon.

Chopin entend parler en secret de ces choses, mais il ne dit rien, il n'interroge personne. Il attend que la confiance renaisse. S'il s'étonne de tout ce mystère, s'il devine même le côté délibéré et puéril de cette rupture notifiée aujourd'hui à son amitié, il n'en laisse rien paraître. Comme toujours, c'est sa santé qui paye ses douleurs muselées. Il tombe gravement malade. Mais ce n'est plus George qui le soigne ; c'est la princesse Marceline Czartoryska. Un bulletin de santé est envoyé par celle-ci à Nohant. « Encore ce chagrin-là à ajouter à tout le reste, riposte George le 7 mai. Est-il vraiment sérieusement malade ? Écrivez-moi, je compte sur vous pour me dire la vérité et pour le soigner. » À cette même date, exactement, elle écrit pourtant dans son *Journal*, d'une plume bien calme : « Me voilà donc arrivée à 45 ans avec une santé de fer, traversée par des indispositions douloureuses, mais qui ne me donnent *que quelques heures de spleen dissipées le lendemain... Mon âme se porte bien aujourd'hui et mon corps aussi.* » Est-ce ce jour-là qu'elle est sincère, ou le lendemain, 8 mai, lorsqu'elle dit à Mlle de Rozières : « Je suis malade d'inquiétude et en vous écrivant j'ai un vertige. Je ne puis quitter ma famille dans un pareil moment, lorsque je n'ai même pas Maurice pour sauver les convenances et garder sa sœur de toute supposition malhonnête. Je souffre bien, je vous assure. Écrivez-moi, je vous en supplie. Dites à Chopin ce que vous jugerez à propos sur moi. Je n'ose pourtant pas lui écrire, je crains de l'émouvoir, je crains que le mariage de Solange ne lui déplaise beaucoup et que chaque fois que je lui en parle il n'ait une secousse désagréable. Pourtant je n'ai pas pu lui en faire mystère et j'ai dû agir comme je l'ai fait. Je ne peux pas faire de Chopin un chef et un conseil de famille, mes enfants ne l'accepteraient pas et la dignité de ma vie serait perdue. »

S'il s'agit de sa dignité, elle eût mieux fait d'y penser plus tôt. S'il s'agit de ménager la santé de Chopin, c'était trop tard aussi. Et les contradictions même de sa lettre, elle ne les aperçoit pas. Le pauvre grand artiste reste ferme dans sa volonté de silence, et fier éperdument.

Cependant George vient de publier sa *Lucrezia Floriani*, qui est déjà la musique funèbre de son amour. Mais Chopin continue de n'y voir que « de beaux caractères de femmes et d'hommes, beaucoup de naturel et de poésie. » Cela va la contraindre de se confesser autrement, de s'expliquer davantage. Car il y a toujours en elle cet impétueux besoin de justification qui la pousse, aux moments décisifs d'un commencement ou d'une fin d'amour, à faire confidence des forces qui la conduisent. Vers qui jeter cette fois encore les commentaires de son cerveau malade et montrer les fatigues d'un corps qui ne saura plus exiger désormais que de très brefs assouvissements ? Huit ans auparavant elle avait écrit au comte Grzymala pour lui faire voir de quoi elle était capable, et qu'un cœur comme le sien pouvait entrer successivement dans les phases les plus diverses de la passion. Si tout l'horizon de l'amour a été parcouru, il paraissait juste, et même utile, de faire le point au seuil de la nuit commençante. Elle prit donc une feuille de papier et écrivit au même confident — celui de la première et de la dernière heure — les lignes que voici :

« 12 mai 1847.

« Merci, mon cher ami, pour tes bonnes lettres. Je savais d'une manière incertaine et vague qu'il était malade, vingt-quatre heures avant la lettre de la bonne princesse. Remercie aussi pour moi cet ange. Ce que j'ai souffert durant ces vingt-quatre heures est impossible à te dire et quelque chose qu'il arrivât j'étais dans des circonstances à ne pouvoir bouger.

« Enfin, pour cette fois encore, il est sauvé, mais que l'avenir est sombre pour moi de ce côté !

« Je ne sais pas encore si ma fille se marie ici dans huit jours ou à Paris dans quinze. Dans tous les cas, je serai à Paris pour quelques jours à la fin du mois, et si Chopin est transportable, je le ramènerai ici. Mon ami, je suis aussi contente que possible du mariage de ma fille puisqu'elle est transportée d'amour et de joie et que Clésinger paraît le mériter, l'aimer passionnément et lui créer l'existence qu'elle désire. Mais c'est égal, on souffre bien en prenant une pareille décision.

« Je crois que Chopin a dû souffrir aussi dans son coin de ne pas savoir, de ne pas connaître et de ne pouvoir rien conseiller. Mais son conseil dans les affaires réelles de la vie est impossible à prendre en considération. Il n'a jamais vu juste les faits, ni compris la nature humaine sur aucun point ; son âme est toute poésie et toute musique et il ne peut souffrir ce qui est autrement que lui. D'ailleurs son influence dans les choses de ma famille serait pour moi la perte de toute dignité et de tout amour vis-à-vis et de la part de mes enfants.

« Cause avec lui et tâche de lui faire comprendre d'une manière générale qu'il doit s'abstenir de se préoccuper d'eux. Si je lui dis que Clésinger (qu'il n'aime pas), mérite notre affection, il ne le haïra que davantage et se fera haïr de Solange. Tout cela est difficile et délicat et je ne sais aucun moyen de calmer et de ramener une âme malade qui s'irrite des efforts qu'on fait pour la guérir. Le mal qui ronge ce pauvre être au moral et au physique me tue depuis longtemps et je le vois s'en aller sans avoir jamais pu lui faire du bien, puisque c'est l'affection inquiète, jalouse et ombrageuse qu'il me porte, qui est la cause principale de sa tristesse. Il y a sept ans que je vis comme une vierge avec lui et avec les autres, je me suis vieillie avant l'âge et même sans effort ni sacrifice tant j'étais lasse de passions et désillusionnée, et sans remède. Si une femme sur la terre devait lui inspirer la confiance la plus absolue, c'était moi et il ne l'a jamais compris ; et je sais que bien des gens m'accusent, les uns de l'avoir épuisé par la violence de mes sens, les autres de l'avoir désespéré par mes incartades. Je crois que tu sais ce qui en est. Lui, il se plaint à moi de ce que je l'ai tué par la privation, tandis que j'avais la certitude de le tuer si j'agissais autrement. Vois quelle situation est la mienne dans cette amitié funeste, où je me suis faite son esclave, dans toutes les circonstances où je le pouvais sans lui montrer une préférence impossible et coupable sur mes enfants où le respect que je devais inspirer à mes enfants et à mes amis a été si délicat et si sérieux à conserver. J'ai fait, de ce côté-là, des prodiges de patience dont je ne me croyais pas capable, moi qui n'avais pas une nature de sainte comme la princesse. Je suis arrivée au martyre ; mais le ciel est inexorable contre moi, comme si j'avais de grands crimes à expier, car au milieu de tous ces efforts et de ces sacrifices, celui que j'aime d'un amour absolument chaste et maternel, se meurt victime de l'attachement insensé qu'il me porte.

« Dieu veuille, dans sa bonté, que du moins mes enfants soient heureux, c'est-à-dire bons, généreux, et en paix avec la conscience ; car, pour le bonheur, je n'y crois pas en ce monde, et la loi d'en-haut est si rigide à cet égard que c'est presque une révolte impie que de songer à ne pas souffrir de toutes les choses extérieures. La seule force où nous puissions nous réfugier, c'est dans la volonté d'accomplir notre devoir.

« Parle-moi de notre Anna et dis-lui le fond de mon cœur, et puis brûle ma lettre. Je t'en envoie une pour ce brave Gutmann, dont je ne sais pas l'adresse. Ne la lui remets pas en présence de Chopin, qui ne sait pas encore qu'on m'a appris sa maladie et qui veut que je l'ignore. Ce digne et généreux cœur a toujours mille délicatesses exquises à côté des cruelles aberrations qui le tuent. Ah ! si un jour Anna pouvait lui parler et creuser dans son cœur pour le guérir. Mais il se ferme hermétiquement à ses meilleurs amis. Adieu, cher, je t'aime. Compte que j'aurai toujours du courage et de la persévérance et du dévouement, malgré mes souffrances, et que je ne me plaindrai pas. Solange t'embrasse.

« GEORGE. »

Que de contradictions encore, et comme, cette fois, chaque phrase sonne faux. Les seules vérités qui transparaissent ici malgré l'auteur, ce sont les tiraillements de sa volonté dans l'affaire de sa fille et sa décision d'en finir avec Chopin. Elle est, une nouvelle fois, en mal de libération, et une femme en proie à ce mal-là passe sur tout. C'est malgré elle aussi — et peut-être parce qu'il y a dans les choses de l'amour comme dans celles de l'art une sorte de symétrie, un équilibre secret — que cette dernière *association* s'est ouverte il y a presque neuf ans et aujourd'hui se clôt sur une lettre au même homme. Ces presque neuf années tiennent complètement entre ces deux missives, dont l'une exprimait l'initial désir d'unir deux âmes contraires en forçant la nature ; la dernière, de lâcher le partenaire mal assorti, « tout poésie, tout musique », pour qui la pratique de l'existence et les réalités de la chair demeurent le vrai pays de l'illusion. Il est vain, au surplus, de chercher à commenter un conflit si parfaitement lisible. Je prétends être juste en ne donnant tort ni raison à aucune des deux parties. Ils avaient apporté chacun leur dot en ménage, et, comme il arrive, celui qui eût mangé la sienne le premier s'en prit à l'autre de ce qu'il était plus riche. George devait rester la plus forte, puisqu'elle n'avait plus rien à dépenser. Chopin devait s'effondrer, puisque sa richesse même l'avait ruiné.

Le 20 mai, Solange fut mariée en hâte, et comme en cachette, à Nohant. M. Dudevant assista à ces noces bizarres, où sa fille ne signa même pas de son nom le registre de l'état-civil, mais du pseudonyme de sa mère. Et celle-ci, s'étant foulée un muscle, il fallut la porter à l'église. « Jamais mariage ne fut moins gai », dit-elle. Il y avait dans l'air de mauvais pressentiments. Et d'autres fiançailles encore, celles d'Augustine, l'amie de Maurice, que le jeune homme voulait marier à son camarade Théodore Rousseau, le peintre. Il se passa alors des incidents étranges. Les fiançailles d'Augustine furent brusquement rompues sous un prétexte futile. En réalité, c'était une vengeance de Solange. Par haine de sa cousine et rancune contre son frère, elle mit Rousseau au courant des relations qu'elle leur prêtait. Il rompit. George en fut outrée, se plaignit avec amertume. Alors le ménage Clésinger, marié depuis un mois, revint à Nohant, leva le masque, et ce fut entre George et son fils d'une part, le sculpteur et sa femme de l'autre, des scènes d'une violence inouïe.

« On a failli s'égorger ici, écrit la malheureuse Sand à Mlle de Rozières. Mon gendre a levé un marteau sur Maurice et l'aurait tué peut-être si je ne m'étais mise entre eux, frappant mon gendre à la figure et recevant de lui un coup de poing dans la poitrine. Si le curé, qui se trouvait là, des amis et un domestique n'étaient intervenus par la force des bras, Maurice, armé d'un pistolet, le tuait sur place. Solange, attisant le feu avec une froideur féroce et ayant fait naître ces déplorables fureurs par des ragots, des mensonges, des noirceurs inimaginables sans qu'il y ait eu ici de la part de Maurice et de qui que ce soit l'ombre d'une taquinerie, l'apparence d'un tort. Ce couple diabolique est parti hier soir, criblé de dettes, triomphant dans l'impudence et laissant dans le pays un scandale dont ils ne pourront jamais se relever. Enfin, pendant trois jours, j'ai été dans ma maison sous le coup d'un meurtre. Je ne veux jamais les revoir, jamais ils ne remettront les pieds chez moi. Ils ont comblé la mesure. Mon Dieu, je n'avais rien fait pour mériter d'avoir une telle fille.

« Il a bien fallu que j'écrive une partie de cela à Chopin ; je craignais qu'il n'arrivât au milieu d'une catastrophe et qu'il n'en mourût de douleur et de saisissement. Ne lui dites pas jusqu'où ont été les choses, on les lui cachera s'il est possible. Ne lui dites pas que je vous écris, et si M. et Mme Clésinger ne se vantent pas de leur conduite, gardez-m'en le secret...

« J'ai un service à vous demander, mon enfant. C'est de prendre très positivement les clefs de mon appartement, dès que Chopin en sera sorti (s'il ne l'est déjà), et de ne pas laisser Clésinger, ou sa femme, ou qui que ce soit de leur part y mettre les pieds. Ils sont dévaliseurs par excellence, et avec un aplomb mirobolant ils me laisseraient sans un lit. Ils ont emporté d'ici jusqu'aux courtepointes et aux flambeaux... »

Il est très important de remarquer deux choses. Dans cette première lettre à Mlle de Rozières, Sand suppose que Chopin a déjà quitté le square d'Orléans, ou qu'il est sur le point de le faire. On verra tout à l'heure pourquoi. Dans la seconde — que je vais transcrire ci-dessous — il faut noter la date : 25 *juillet*. Ces indices vont servir à éclairer d'une certaine lumière une situation au premier abord confuse, mais que l'on débrouille assez bien si l'on ne perd pas de vue ces deux points de repère.

« Nohant, 25 juillet.

« Mon amie, je suis inquiète, effrayée, je ne reçois pas de nouvelles de Chopin depuis plusieurs jours, je ne sais pas combien de jours, car dans le chagrin qui m'accable je ne me rends pas compte du temps. Mais il y a trop longtemps à ce qu'il me semble. Il allait partir et tout à coup il ne vient pas, il n'écrit pas. S'est-il mis en route ? Est-il arrêté, malade quelque part ? S'il était sérieusement malade ne me l'écririez-vous pas en voyant son état de souffrance se prolonger ? Je serais déjà partie sans la crainte de me croiser avec lui et sans l'horreur que j'ai d'aller à Paris m'exposer à la haine de celle que vous jugez si bonne, si tendre pour moi...

« Par moments je pense, pour me rassurer, que Chopin l'aime beaucoup plus que moi, me boude et prend parti pour elle.

« J'aimerais cela cent fois plus que de le savoir malade. Dites-moi tout franchement ce qui en est, et si les affreuses méchancetés, si les incroyables mensonges de Solange le gouvernent, soit ! Tout me devient indifférent pourvu qu'il guérisse. »

Chopin avait trop souffert, trop renoncé déjà pour revenir en arrière et se laisser reprendre aux cris de cette mère dépouillée, de cette maîtresse durcie. Il ne voulait pas de sa pitié. Il ne lui donna même pas la sienne. Solange vint chez lui. Elle eut peu de peine à le convaincre qu'elle avait raison, tant sa méfiance et ses soupçons s'étaient solidifiés. Toute cette obscurité qu'on cherchait à maintenir autour de lui ne cachait-elle pas d'autres trahisons encore, d'autres libérations ? Sa longue docilité se tourna tout à coup en un amer dégoût. « Les cyprès aussi ont leurs caprices », dit-il. Ce fut sa seule plainte. Il écrivit à George, mais ni sa lettre, ni celle qu'il reçut en réponse n'ont été conservées. Les amants qui se sont donné huit années de leur vie, ne consentent pas à préserver dans leurs archives le bulletin de la suprême défaite. En revanche, si nous ne connaissons pas les termes dans lesquels ils rédigèrent l'acte de dissociation, nous en savons l'écho.

Chopin montra au seul Delacroix la lettre d'adieu qu'il avait reçue. « Il faut convenir qu'elle est atroce », note celui-ci dans son *Journal* en date du 20 *juillet,* « les cruelles passions, l'impatience longtemps comprimée s'y font jour ; et par un contraste qui serait plaisant s'il ne s'agissait d'un si triste sujet, l'auteur prend de temps en temps la place de la femme et se répand en tirades qui semblent empruntées à un roman ou à une homélie philosophique. »

Si j'ai souligné plus haut la date du 25 juillet où George se plaint d'être abandonnée, c'est pour faire mieux ressortir que cinq jours avant déjà, le 20, Delacroix consignait dans son agenda l'existence de la lettre de rupture, qu'il qualifie *d'atroce*. On peut donc s'étonner des étonnements de George Sand. Notons plutôt sa duplicité. Et sans doute en prévoyait-elle trop bien l'effet pour supposer un instant qu'il accourrait à Nohant. Elle comptait plutôt sur son déménagement. Cependant elle tenait encore à donner le change, à se poser en victime. Décidée à rompre, elle redoutait la gloire et les amis de Chopin qui, plus tard, pouvaient rechercher la vérité au nom de l'Histoire. Dans une troisième lettre à Mlle de Rozières, elle écrivit donc ceci :

(Sans date.)

« ... Malade à mourir, j'allais voir pourquoi l'on ne m'écrivait pas. Enfin j'ai reçu par le courrier du matin une lettre de Chopin. Je vois que, comme à l'ordinaire, j'ai été dupe de mon cœur stupide et que pendant que je passais six nuits blanches à me tourmenter de sa santé, il était occupé à dire et à penser du mal de moi avec les Clésinger. C'est fort bien. Sa lettre est d'une dignité risible et les sermons de ce bon père de famille me serviront en effet de leçon. Un homme averti en vaut deux, je me tiendrai désormais fort tranquille à cet égard.

« Il y a là-dessous beaucoup de choses que je devine, et je sais de quoi ma fille est capable en fait de calomnie, je sais de quoi la pauvre cervelle de Chopin est capable en fait de prévention et de crédulité... Mais j'ai vu clair enfin ! et je me conduirai en conséquence ; je ne donnerai plus ma chair et mon sang en pâture à l'ingratitude et à la perversité. Me voici désormais paisible et retranchée à Nohant, loin des ennemis acharnés après moi. Je saurai garder la porte de ma forteresse contre les méchants et les fous. Je sais que pendant ce temps ils vont me tailler en pièces. C'est bien ! Quand leur haine sera assouvie de ce côté, ils se dévoreront les uns les autres.

« ... Je trouve Chopin *magnifique* de voir, fréquenter et approuver Clésinger qui m'a *frappée*, parce que je lui arrachais des mains un marteau levé sur Maurice. Chopin, que tout le monde me disait être mon plus fidèle et plus dévoué ami ! C'est admirable ! Mon enfant, la vie est une ironie amère, et ceux qui ont la niaiserie d'aimer et de croire doivent clore leur carrière par un rire lugubre et un sanglot désespéré, comme j'espère que cela m'arrivera bientôt. Je crois à Dieu et à l'immortalité de mon âme. Plus je souffre en ce monde, plus j'y crois. J'abandonnerai cette vie passagère avec un profond dégoût, pour rentrer dans la vie éternelle avec une grande confiance... »

Elle reprit sa plume une quatrième fois, le 14 août :
« Je suis plus gravement malade qu'on ne pense, Dieu merci ! car j'ai assez de la vie et je fais mon paquet avec beaucoup de plaisir. Je ne vous demande pas de nouvelles de Solange, j'en ai indirectement. Quant à Chopin, je n'en entends plus parler du tout, et je vous prie de me dire *au vrai* comment il se porte : rien de plus. Le reste ne m'intéresse nullement et je n'ai pas lieu de regretter son affection. »

Il y a dans plusieurs passages de ces documents une forte dose de ce *mélo* que Chopin trouvait si haïssable, et le désir évident d'en tirer tout le pathétique possible. Mais sans doute y a-t-il aussi des accents authentiques. Il est probable qu'elle-même ne s'y reconnaissait pas trop bien. George Sand a souffert de cette rupture dont elle était la cause, l'agent et la victime. Si l'on n'entend plus ici les mêmes cris qu'au temps de Venise, c'est que treize années avaient passé depuis l'expérience Musset. Mais peut-être lui fais-je la part trop facile. Car, qu'est-ce que les années pour les cœurs passionnés ? Non, le vieillissement est une mauvaise raison. La seule véritable, c'est que cette femme n'arrache plus de son âme rien de vivant. Si elle n'est pas encore parvenue au temps des grands froids, dont nous avons déjà parlé, au moins arrive-t-elle à celui des premières sérénités. Époque favorable pour sa littérature. Elle le pressent si bien qu'elle la choisit précisément pour entamer l'*Histoire de ma Vie*, le meilleur de ses livres.

Quant à Chopin, se plaindre n'était guère dans sa nature. Même en ces semaines mortelles, sa peine fut d'une admirable discrétion. Comme autrefois, comme toujours, elle se fit et se défit en dedans. Nul blâme ne passa sa bouche. À Louis Viardot (le mari de la cantatrice), qui l'interrogeait, il répondit simplement : « — Le mariage de Solange est un grand malheur pour elle, pour sa famille, pour ses amis. La fille et la mère ont été trompées, et l'erreur a été reconnue trop tard. Mais cette erreur partagée par toutes deux, pourquoi n'en accuser qu'une seule ? La fille a voulu, a exigé un mariage mal assorti ; mais la mère, en consentant, n'a-t-elle pas une part de la faute ? Avec son grand esprit et sa grande expérience, ne devait-elle pas éclairer une jeune fille que poussait le dépit plus encore que l'amour ? Si elle s'est fait illusion, il ne faut pas être impitoyable pour une erreur qu'on a partagée. Et moi, les plaignant toutes les deux du fond de mon âme, j'essaye de porter quelque consolation à la seule d'entre elles qu'il me soit permis de voir. »

Il voulut informer sa sœur de ces événements, mais n'y parvint pas du premier coup. Écrire certains mots est parfois pour soi-même d'une cruauté si grande. Enfin, après avoir brûlé plusieurs feuilles de papier, il réussit à exprimer l'essentiel dans sa lettre de Noël.

« 25 décembre 1847.

« Mes enfants bien-aimés.

« Je ne vous ai pas répondu immédiatement parce que je suis horriblement occupé... Je vous expédie, par la voie ordinaire, des gravures de nouvel an... J'ai passé la vigile d'avant-hier de la manière la plus prosaïque, mais j'ai pensé à vous tous. À vous mes meilleurs souhaits, comme chaque année...

« Sol est chez son père, en Gascogne. Elle a vu sa mère en passant. Elle a été à Nohant avec les Duvernet, mais sa mère l'a froidement reçue, et lui a dit que si elle se séparait de son mari, elle pourrait revenir à Nohant. Sol a vu sa chambre nuptiale transformée en théâtre, son boudoir en garde-robes d'acteurs, et elle m'écrit que sa mère ne lui a parlé que d'affaires pécuniaires. Son frère s'amusait avec son chien, et tout ce qu'il a trouvé à lui dire, c'est : « Veux-tu manger quelque chose ? » Maintenant la mère paraît plus fâchée contre son gendre que contre sa fille, quoique dans sa fameuse lettre elle m'ait écrit que son gendre n'est pas méchant, que c'est sa fille qui le rend ainsi. On pourrait croire qu'elle a voulu se débarrasser en une fois de sa fille et de moi, parce que nous étions incommodes. Elle restera en correspondance avec sa fille : ainsi son cœur maternel, qui ne peut complètement se passer des nouvelles de son enfant, sera pour un moment apaisé et sa conscience endormie. Elle pensera être juste et me proclamera son ennemi, parce que j'aurai pris le parti de son gendre qu'elle ne tolère pas, uniquement parce qu'il a épousé sa fille, tandis que je me suis opposé à ce mariage tant que j'ai pu. Singulière créature, avec toute son intelligence ! Une frénésie la prend, et elle brouille sa vie, elle brouille l'existence de sa fille. Avec son fils aussi, cela finira mal, je le prédis et je l'affirme. Elle voudrait pour son excuse trouver des torts à ceux qui lui veulent du bien, qui croient en elle, qui ne lui ont jamais fait de grossièretés, et qu'elle ne peut souffrir auprès d'elle parce qu'ils sont le miroir de sa conscience. C'est pourquoi elle ne m'a plus écrit un seul mot ; c'est pourquoi elle ne viendra pas cet hiver à Paris ; c'est pour cela aussi qu'elle n'a pas dit un seul mot à sa fille. Je ne regrette pas de l'avoir aidée à supporter les huit années les plus délicates de sa vie, celles où sa fille grandissait, celles où elle élevait son fils ; je ne regrette pas tout ce que j'ai souffert, mais je regrette que sa fille, cette plante si parfaitement soignée, abritée contre tant d'orages, ait été brisée dans les mains maternelles par une imprudence et une légèreté que l'on pourrait passer à une femme de vingt ans, mais non à une femme de quarante.

« Ce qui a été et n'est plus ne s'inscrit pas dans les annales. Quand, plus tard, elle plongera dans son passé, Mme S. ne pourra retrouver dans son âme qu'un bon souvenir de moi. Pour le moment elle est dans le plus étrange paroxysme de maternité, jouant le rôle d'une mère plus juste et plus parfaite qu'elle ne l'est réellement, et c'est une fièvre contre laquelle il n'y a pas de remède, surtout quand elle s'empare d'une tête exaltée qui se laisse aller sur un sol mouvant...

« ... Dans les *Débats* paraît un nouveau roman de Mme S. dans le genre des nouvelles berrichonnes, comme *la Mare au Diable,* qui commence admirablement. Il s'appelle : *François le Champi*... On parle aussi de ses *Mémoires* : mais, dans une lettre à Mme Marliani, Mme S. écrivait que ce seraient plutôt les pensées qu'elle a eues jusqu'à présent sur l'art, la littérature, etc... et non ce qu'on entend généralement par Mémoires. En effet, il est trop tôt pour cela, car la chère Mme S. aura encore beaucoup d'aventures dans sa vie avant de vieillir, il lui arrivera encore beaucoup de belles choses, et de vilaines aussi... »

L'ironie n'est guère méchante et l'« ennemi » qui devait la « tailler en pièces » bien doux. Vraiment il faut admirer comme l'artiste tient sa volonté en main. Ce même jour aussi il écrit à Solange :

« ... Combien le récit de vos deux visites à Nohant m'a attristé. Cependant, le premier pas est fait. Vous avez montré du cœur et il s'en est suivi un certain rapprochement puisqu'on vous a priée d'écrire. Le temps fera le reste. Vous savez qu'il ne faut pas prendre à la lettre tout ce qu'on dit. Si l'on ne veut plus connaître *un étranger comme moi* par exemple, telle chose ne peut arriver à votre mari, puisqu'il appartient à la famille... J'ai des étouffements, des maux de tête, et vous prie d'excuser mes ratures et mon français... »

Voici janvier de 1848. Février. Bientôt dix mois que George et Frédéric sont séparés. Mais Chopin ne guérit pas, tout au contraire. Sa tendresse brisée a non seulement tué son cœur, elle a tari la source unique de ses consolations, la musique. Depuis 1847, *l'année mauvaise,* comme il l'a dénommée, Chopin n'a plus rien composé.

« Elle ne m'a plus écrit un seul mot, ni moi à elle, confie-t-il à sa sœur le 10 février. Elle a ordonné au propriétaire de louer son appartement de Paris... Elle joue la comédie à la campagne, dans la chambre nuptiale de sa fille ; elle s'oublie, s'étourdit comme elle peut, et ne s'éveillera que quand le cœur lui fera trop mal, le cœur en ce moment accablé par la tête. J'ai fait une croix là-dessus. Que Dieu la protège, si elle ne sait pas discerner le véritable attachement de la flatterie. Du reste, c'est peut-être à moi seul que les autres paraissent des flatteurs, tandis que son bonheur est en effet là où je ne l'aperçois pas. Ses amis et ses voisins n'ont rien compris pendant longtemps à ce qui s'est passé là-bas en ces derniers temps, mais ils s'y sont probablement déjà habitués. Enfin personne ne pourra jamais suivre les caprices d'une telle âme. Huit années d'une vie à demi rangée, c'était trop. Dieu a permis que ce fussent les années où les enfants grandissaient, et si ce n'eût été moi, je ne sais depuis combien de temps ils seraient avec leur père et non plus avec elle. Et Maurice, à la première bonne occasion, s'enfuira chez son père. Mais peut-être sont-ce là les conditions de son existence, de son talent d'écrivain, de son bonheur ? Que cela ne te tourmente pas, c'est si loin déjà ! Le temps est un grand médecin. Jusqu'à présent je n'en suis pas encore remis ; c'est pourquoi je ne vous écris pas ; tout ce que je commence, je le brûle dans l'instant qui suit. Et j'aurais tant à vous écrire ! Mieux vaut ne rien écrire du tout. »

Ils se revirent une dernière fois, le 4 mars 1848, tout à fait par hasard. Chopin sortait de chez Mme Marliani comme Mme Sand y entrait. Elle serra sa main tremblante et glacée. Chopin lui demanda si elle avait eu récemment des nouvelles de sa fille.

— Il y a une semaine, répondit-elle.

— Vous n'en aviez pas hier, avant-hier ?

— Non.

— Alors je vous apprends que vous êtes grand-mère. Solange a une fillette et je suis bien aise de pouvoir vous donner cette nouvelle le premier.

Puis il salua et descendit l'escalier. Arrivé en bas, il eut un remords et voulut remonter. Il avait oublié d'ajouter que Solange et l'enfant se portaient bien. Il pria un ami, qui était avec lui, de donner à Mme Sand ce surcroît d'information, car la montée d'un escalier lui était devenue chose affreusement pénible. George revint aussitôt. Elle eût voulu parler davantage et lui demanda de ses nouvelles. Il répondit qu'il allait bien et s'échappa. « Il y avait de mauvais cœurs entre nous », dit-elle plus tard en racontant cette minute dans l'*Histoire de ma Vie*.

Quant à Chopin, il rendit compte à Mme Clésinger de cette rencontre fortuite avec sa mère et ajouta : « Sa santé m'a paru bonne. Je suis certain que le triomphe de l'idée républicaine la rend heureuse... »

Depuis huit jours, en effet, la révolution avait éclaté. Elle devait singulièrement déplaire au prince Karol. Il écrivit encore à Solange : « la naissance de votre enfant m'a fait plus de plaisir, vous le pensez bien, que la naissance de la République. »

CHAPITRE DIX-SEPT
LE CHANT DU CYGNE

Depuis vingt ans, Chopin jouait à cache-cache avec les révolutions. Il avait quitté Varsovie quelques semaines avant celle de 1830. Son projet de voyage en Italie, au printemps de 1831, avait été remis à cause des insurrections de Bologne, de Milan, d'Ancône, de Rome. Il était arrivé à Paris un an après les *Trois Glorieuses,* mais il avait encore assisté, du haut de son balcon du Boulevard Poissonnière, aux derniers grains de l'orage. Louis-Philippe était alors roi de France. Il venait d'abdiquer après un peu plus de dix-sept ans de règne, tout juste la durée du séjour de Chopin à Paris.

Quarante-Huit s'annonçait mal pour les artistes. Très mal pour Chopin, avec cette plaie béante dans son cœur, et la phtisie contre laquelle il ne luttait même plus. Il décida de quitter la France pour un certain temps et d'entreprendre une tournée en Grande-Bretagne que proposait d'organiser Miss Stirling, une dame écossaise qu'il aimait beaucoup. Elle était son élève depuis quatre ans. Mais ses amis lui conseillèrent de donner un dernier concert à Paris avant de partir. Il se laissa convaincre. C'était au début de février.

En huit jours, tous les billets furent vendus : trois cents places à vingt francs dans les salons Pleyel. « J'aurai tout le beau monde parisien, écrit-il à ses parents. Le roi, la reine, le duc d'Orléans, le duc de Montpensier, ont fait prendre chacun dix places, quoiqu'ils soient en deuil et qu'aucun d'eux ne puisse venir. On s'inscrit pour un second concert, que probablement je ne donnerai pas, car le premier m'ennuie déjà. » Et il ajoute, le lendemain : « Mes amis m'ont dit que je n'aurais à me tourmenter de rien, seulement m'asseoir et jouer... De Brest, de Nantes on a écrit à mon éditeur pour qu'il retienne des places. Un tel empressement m'étonne et je dois aujourd'hui me mettre à jouer, ne fût-ce que par acquit de conscience, car je joue moins bien qu'autrefois. (Avant ses concerts, Chopin s'exerçait toujours en répétant du Bach). Je jouerai, comme curiosité, le trio de Mozart avec Franchomme et Allard. Il n'y aura ni programmes, ni billets gratis. Le salon sera confortablement arrangé et peut contenir trois cents personnes. Pleyel plaisante toujours de ma sottise et, pour m'encourager à ce concert, il fera orner de fleurs les escaliers. Je serai comme chez moi et mes yeux ne rencontreront, pour ainsi dire, que des visages connus. Je donne beaucoup de leçons. Je suis accablé d'ouvrage de tous côtés et avec cela je ne fais rien... Si vous partez, je me remuerai aussi, car je doute que je puisse digérer un nouvel été à Paris comme celui de cette année. Si Dieu nous donne la santé, nous nous reverrons, et nous causerons, et nous nous embrasserons. »

Ce n'est pas la lassitude seulement que respire cette lettre ; n'y lit-on pas, sous je ne sais quel sourire usé, la certitude d'une fin prochaine ? Cette réunion d'amis, cette atmosphère de fleurs et de couronnes, a quelque chose de symboliquement funèbre. On devine jusque dans l'empressement de cette élite de mondains et d'artistes une inquiétude, et comme le pressentiment du crépuscule de toute une époque paisible et élégante. Poète et roi déclinent. On se hâte pour attraper les derniers parfums des vieux lys de France et du jeune rosier polonais. Voici venir le triomphe de George Sand, des philosophes à pellicules et de Barbès.

Le suprême concert de Frédéric Chopin eut lieu le mercredi 16 février 1848, une semaine avant l'abdication de Louis-Philippe. Tout y fut exceptionnel. La salle était garnie de fleurs et de tapis. La liste des auditeurs élus avait été revue par Chopin lui-même. Les lettres du programme, d'écriture anglaise, étaient gravées au burin et imprimées en taille douce sur beau papier. On y lisait :

PREMIÈRE PARTIE

Trio de Mozart, pour piano, violon et violoncelle, par MM. Chopin, Allard et Franchomme.
Airs chantés par Mlle Antonia Molina di Mondi.
Nocturne
Barcarolle : composés et joués par M. Chopin.
Air chanté par Mlle Antonia Molina di Mondi.
Étude
Berceuse : composés et jouées par M. Chopin.

SECONDE PARTIE.

Scherzo, *Adagio* et *Finale* de la *Sonate* en sol mineur pour piano et violoncelle, composée par M. Chopin et jouée par l'auteur et M. Franchomme.
Air nouveau de *Robert le Diable*, de Meyerbeer, chanté par M. Roger.
Préludes
Mazurkas : composés et joués par M. Chopin.
Valses
Accompagnateurs : MM. Aulary et de Garaudé.

La *Barcarolle* est de 1846 (op. 60). La *Berceuse* (op. 57) date de 1845. Quant au *Nocturne* et à l'*Étude* annoncés, on ne peut faire que des conjectures. La *Sonate* pour piano, violon et violoncelle est la dernière œuvre qu'il publia. Pour les *Préludes* et les *Mazurkas*, nous sommes aussi dans le vague. Mais on sait que la Valse choisie fut celle dite « valse du petit chien » (op. 64, n° 1).

Chopin parut. Il était extrêmement faible, mais droit. Son visage, bien que pâle, ne semblait pas changé. Son jeu non plus ne trahit aucun épuisement, et l'on était assez habitué aux douceurs et à l'imprévu de son toucher pour ne pas s'étonner qu'il jouât pianissimo les deux *forte* de la fin de sa *Barcarolle*. On aime à savoir qu'il choisit pour ce soir-là cette belle plainte, le récit d'une rencontre d'amants dans un paysage d'Italie. Tierces et sixtes, jamais confondues, font de ce dialogue à deux voix, à deux âmes, un commentaire bien lisible de sa propre histoire. « On songe à une mystérieuse apothéose », a dit Maurice Ravel de ce morceau. Peut-être, en effet, est-il le dénouement intérieur, la glorification de sa tendresse inexprimée.

L'effort fut si grand, que Chopin s'évanouit à demi dans le foyer après l'exécution. Quant à l'ardeur du public, il est à peine besoin de l'indiquer. « Le sylphe a tenu sa parole », imprimait *la Gazette Musicale* quelques jours plus tard, « et avec quel succès, quel enthousiasme ! Il est plus facile de vous dire l'accueil qu'il a reçu, les transports qu'il a excités, que de décrire, d'analyser, de divulguer les mystères d'une exécution qui n'a pas d'analogue dans notre région terrestre. Quand nous aurions en notre pouvoir la plume qui a tracé les délicates merveilles de la reine Mab, pas plus grosse que l'agathe qui brille au doigt d'un alderman... c'est tout au plus si nous arriverions à vous donner l'idée d'un talent purement idéal, et dans lequel la matière n'entre à peu près pour rien. Pour faire comprendre Chopin, nous ne connaissions que Chopin lui-même ; tous ceux qui assistaient à la séance de mercredi en sont convaincus autant que nous. »

Chopin arriva à Londres le 20 avril 1848 et s'installa dans une chambre confortable, à Dover Street, avec ses trois pianos : un Pleyel, un Érard et un Broadwood. Il n'y arrivait pas seul : l'Angleterre était envahie par une nuée d'artistes fuyant le continent, où de toutes parts éclataient les révolutions.

Mais miss Stirling et sa sœur, Mme Erskine, avaient pensé à tout, et déjà l'on parlait dans le monde et les journaux, du séjour de Chopin.

Le changement d'air et de vie semblent d'abord favorables à sa santé. Il respire plus librement et peut faire quelques visites. Il va au théâtre, entend chanter Jenny Lind et jouer la Philharmonie, mais « leur orchestre est comme leur roastbeef ou leur potage-tortue : énergique, sérieux, mais rien de plus, » Son inconvénient majeur est l'absence de toute répétition, et Chopin, avant de donner un concert, exige toujours des répétitions minutieuses. Il ne se décide donc pas à paraître en public. Au surplus, son moral est bas, à cause des mauvaises nouvelles politiques arrivées de Pologne. En outre, il apprend avec chagrin la complète mésintelligence du couple Clésinger, une séparation possible, et il pense tout de suite à George. Pourvu que cette malheureuse mère n'ait pas à verser de nouvelles larmes !

Bientôt la fatigue l'accable de nouveau. Il lui faut sortir chaque soir fort tard, donner ses leçons dès le matin pour payer son logement, très onéreux, son domestique et son équipage. Ses crachements de sang recommencent. Pourtant il est reçu avec beaucoup de prévenances chez quelques grands seigneurs et grandes dames : le Duc de Westminster, les Duchesses de Sommerset et Sutherland, lord Falmouth, lady Gainsborough. Miss Stirling et sa sœur, qui l'adorent, voudraient le traîner chez toutes leurs connaissances.

Enfin il joue dans deux ou trois salons moyennant un cachet de vingt guinées, cachet que Mme de Rothschild lui conseille de réduire un peu « parce qu'en cette saison (juin), il est nécessaire de faire des prix plus modérés. » Une première soirée a lieu chez la duchesse de Sutherland, où viennent la reine, le prince Albert, le prince de Prusse, et plus de quatre-vingts personnes de l'aristocratie, parmi lesquelles le vieux duc de Wellington. Stafford House, l'antique demeure des Sutherland, frappe l'artiste d'admiration. Il en fait une description émerveillée : « Tous les palais royaux et les anciens castels sont splendides, mais non ornés avec tant de goût et d'élégance que Stafford House. Les escaliers sont célèbres par leur splendeur. Aussi fallait-il voir la reine sur ces escaliers, dans une lumière éblouissante, entourée de tous ces diamants, ces rubans, ces *jarretières*, descendant avec la plus parfaite élégance, conversant, s'arrêtant sur les différents paliers. En vérité, il est regrettable qu'un Paul Véronèse n'ait pu voir spectacle semblable pour laisser un chef-d'œuvre de plus. »

Cher Chopin, il ne se doutait guère que regardant un tel tableau nous n'eussions cherché que son pauvre visage éreinté. Que signifient pour nous ces éphémères étincelants et toutes ces grandeurs chamarrées, auprès de sa petite personne minée, mais si proche de notre cœur ! La magnificence de ce gala ne nous apparaît plus qu'en lui, acteur obscur d'une fête où rien ne nous semble exceptionnel, sauf son regard fiévreux. « Je souffre d'une nostalgie bête, écrit-il, et, malgré ma parfaite résignation, je me préoccupe, Dieu sait pourquoi, de ce qu'il adviendra de moi. » Il joue chez le marquis de Douglas, chez lady Gainsborough, chez lord Falmouth, au milieu d'une affluence de personnages titrés. « Vous savez qu'ils vivent de grandeurs. Pourquoi vous citer encore tous ces vains noms ? » Cependant il en cite beaucoup. Parmi les célébrités, il est présenté à Carlyle, à lord Bulwer, à Dickens, à Hogarth, ami de Walter Scott, qui écrit sur lui un très bel article dans les *Daily News*. Parmi les « curiosités », lady Byron. « Nous parlons ensemble sans presque nous entendre, elle en anglais, moi en français. Je comprends qu'elle ait ennuyé Byron ». M. Broadwood, le facteur de pianos, est parmi les plus bienveillants de ses amis bourgeois. Parfois il reçoit sa visite, le matin. Chopin lui raconte un jour qu'il a mal dormi. En rentrant, ce soir-là, il trouve dans son lit un matelas neuf à ressorts et des coussins que ce protecteur a fait installer chez lui à son insu.

Ces divers récitals rapportent à Chopin environ cinq mille francs. Peu de chose, en somme. Mais qu'importe l'argent ! Qu'en ferait-il ? Jamais il n'a été plus triste. Il y a bien longtemps qu'il n'a éprouvé une véritable joie, confie-t-il à Grzymala. « Au fond, je ne sens vraiment plus rien ; je végète, simplement, et j'attends patiemment ma fin. »

Le 9 août, il quitte Londres pour l'Écosse, où il se rend chez ses amies Stirling et leur beau-frère, lord Torphichen. Dans le train, l'excellent Broadwood a retenu deux places afin qu'il ait plus de commodité, et il lui donne un M. Wood, marchand de musique, pour compagnon de route. Il arrive à Édimbourg, où son appartement est réservé dans le meilleur hôtel, et il s'y repose un jour et demi. Visite de la ville. Station chez un marchand de musique, où il entend jouer l'une de ses mazurkas par un pianiste aveugle. Nouveau départ dans une voiture attelée à l'anglaise, avec un postillon, pour Calder House. à douze milles d'Édimbourg. C'est là que le reçoit lord Torphichen, dans un vieux manoir entouré d'un parc immense. On ne voit que pelouses, arbres, montagne et ciel. « Les murs du château ont huit pieds d'épaisseur. Il y a des galeries de tous les côtés et des corridors sombres ornés d'un nombre incalculable de portraits d'ancêtres, de toutes couleurs, de tous costumes, les uns écossais, les autres en armures ou encore en paniers. Rien n'y manque pour satisfaire l'imagination. Il y a même un petit chaperon rouge qui fait des apparitions, mais je ne l'ai pas encore vu. » Quant à ses hôtes, ils se montrent parfaits, discrets et généreux. « Quelles excellentes personnes que mes Écossaises ! s'écrie Chopin. Je ne peux rien désirer que je ne le reçoive immédiatement ; on m'apporte même chaque jour les journaux parisiens. Je suis bien. J'ai le calme et le repos, mais dans huit jours il me faudra partir. »

Cette famille Stirling of Keir était fort ancienne. Elle remontait au XIVe siècle et s'était enrichie aux Indes. Jane et sa sœur aînée, Mme Erskine, avaient connu Chopin à Paris. Deux nobles femmes, plus âgées que Frédéric, mais la cadette encore fort belle. Ary Scheffer l'a peinte plusieurs fois, parce qu'elle représentait à ses yeux le type de la beauté idéale. On prétend qu'elle eût le désir d'épouser Chopin. À ceux qui lui en parlaient, « autant la marier avec la mort », disait-il.

Au manoir de Calder House, la vie est agréable : matinées paisibles, promenades en voiture l'après-midi, et, le soir, musique. Chopin harmonise pour le vieux lord des airs écossais que celui-ci chantonne. Spectacle qui ne manque pas de piquant. Mais le pauvre cygne s'ennuie. Il pense toujours à George, dont il vient de recevoir quelques nouvelles par Solange. Elles sont mauvaises. Comme on lui attribue les proclamations qui ont allumé la guerre civile jusqu'en province, elle a été très mal reçue dans sa terre de Nohant. Réfugiée à Tours, « elle s'est enfoncée dans toutes les boues », mande Frédéric à sa sœur, « et en a entraîné beaucoup d'autres avec elle ». Un vilain libelle circule sur son compte, rédigé par le père de cette Augustine que Chopin déteste. Cet homme se plaint « qu'elle lui a démoralisé sa fille, dont elle a fait la maîtresse de Maurice et qu'elle a mariée ensuite au premier venu... Le père cite les propres lettres de Mme Sand. En un mot, l'aventure la plus sale, dont tout Paris s'entretient aujourd'hui. C'est une indignité de la part du père, *mais c'est la vérité*. Le voilà donc, cet acte de bienfaisance qu'elle pensait accomplir, et contre lequel j'ai combattu de toutes mes forces quand la jeune fille est entrée dans la maison ! Il fallait la laisser à ses parents, ne pas lui mettre dans la tête le jeune homme, qui ne fera jamais qu'un mariage d'argent... Mais il a voulu avoir une jolie cousine à la maison. Elle était habillée comme Sol et mieux soignée, parce que Maurice l'exigeait... Solange voyait tout, donc elle les gênait... De là des mensonges, de la honte, de la gêne, et le reste. »

On sent remonter à la surface toutes les rancœurs, toutes les rancunes. Et d'immenses regrets. « Les Anglais sont si différents des

Français auxquels je me suis attaché comme aux miens propres », écrit-il encore dans cette même lettre à sa famille. « Ils pèsent tout à la livre sterling, et n'aiment l'art que parce que c'est du *luxe*. Ce sont d'excellentes gens, mais si originaux que je comprends que l'on puisse devenir soi-même raide ici : on se change en machine. »

Il fallut quitter Calder House pour donner plusieurs concerts : à Manchester, fin août ; à Glasgow, fin septembre ; à Édimbourg, au début d'octobre. Et s'il recueille partout le même succès, la même surprise admirative, une sorte d'enthousiasme tempéré, la plupart des critiques notent pourtant que son jeu n'est plus qu'une espèce de murmure. « Chopin paraît environ trente ans », dit le *Manchester Guardian*. (Il en avait 38). « Il est très frêle de structure et il y a un air presque pénible de faiblesse dans son apparence et dans sa démarche. Cette impression s'évanouit quand il s'assied au piano, dans lequel il paraît complètement s'absorber. La musique de Chopin et le style de son jeu participent des mêmes caractères dominants ; il a plus de raffinement que de vigueur ; il élabore subtilement la composition plutôt qu'il ne la saisit simplement ; son toucher est élégant et rapide, sans qu'il empoigne l'instrument avec une fermeté joyeuse. Sa musique et son jeu sont la perfection de la musique de chambre... mais il leur faudrait plus de souffle, de franchise de dessin et de puissance dans l'exécution pour être ressentis dans une grande salle. »

Ce sont les mêmes reproches discrets qu'on lui faisait à Vienne, en 1829. Mais ses amis seuls savent combien il est souffrant et qu'il faut maintenant le porter dans les escaliers. Il reste coquet, cependant, raffiné dans ses ajustements comme une femme, occupé de son linge, de ses chaussures, qu'il veut impeccables. Son domestique le frise tous les matins au fer. Le côté impérieux de sa nature s'accuse. Tout lui pèse : les attentions, l'affection même deviennent lourdes à ses épaules, tout comme sa pelisse ou même son châle de cachemire. Ce sont des agacements de grand malade : « Les gens m'assomment avec leur sollicitude inutile. Je me sens seul, seul, seul, bien qu'entouré... Je m'affaiblis toujours davantage ; je ne puis plus rien composer, non que l'envie m'en manque, mais plutôt les forces physiques... Mes Écossaises ne me laissent pas en repos ; elles m'étouffent de politesses, et, par politesse, je ne le leur reprocherai pas. » Voilà ses plaintes à Grzymala. On le transporte de Stirling à Keir, d'un château dans un autre, d'un lord chez un duc. Il trouve partout une hospitalité somptueuse, des pianos excellents, de beaux tableaux, des bibliothèques bien composées, des chasses, des chevaux, des chiens ; mais où qu'il soit, il rend l'âme à force de toux et d'ennui. Que faire après dîner quand les messieurs s'installent dans la salle à manger autour de leur whisky, et que, ne sachant pas leur langue, il est obligé de les « regarder parler et de les entendre boire ? » Nouveaux accès de mal du pays, de mal de Nohant. Tandis qu'ils commentent leurs arbres généalogiques et, « comme dans l'Évangile, citent des noms et des noms qui les font remonter jusqu'au Seigneur Jésus », Chopin brouillonne des lettres à ses amis. « Si Solange s'établit en Russie », écrit-il à Mlle de Rozières, « avec qui parlera-t-elle de la France ? Avec qui pourra-t-elle bavarder en patois berrichon ? Cela vous paraît-il sans importance ?... Eh bien ! c'est pourtant une grande consolation d'avoir en pays étranger quelqu'un autour de soi, qui, dès que nous le voyons, nous replonge en pensée dans notre patrie ».

Il rentre enfin à Londres, au début d'octobre, pour se mettre tout de suite au lit. Essoufflement, maux de tête, rhume, bronchite, tous les symptômes habituels. Ses Écossaises le suivent, le soignent, ainsi que la princesse Czartoryska, qui s'institue sa garde-malade. Dès lors il ne songe plus qu'à revenir en France. Comme autrefois, à son retour de Majorque, il charge Grzymala de lui chercher un logement aux environs des boulevards, entre la rue de la Paix et la Madeleine. Il faudrait aussi une chambre pour son valet. « Pourquoi je te donne toute cette peine, je n'en sais rien, puisque rien ne m'apporte de plaisir. Mais il faut bien que je pense à moi ». Et tout à coup la vieille douleur éclate, sans rime ni raison apparentes, au beau milieu de ces soins domestiques : « Je n'ai jamais maudit personne, mais en ce moment tout m'est à ce point insupportable que je me soulagerais, il me semble, si je pouvais maudire Lucrezia !... » Suivent trois lignes qu'il efface aussitôt, qu'il rend indéchiffrables. Puis, revenu à lui-même, ou ayant ravalé une fois de plus ce qu'il ne consent jamais à exprimer, il ajoute : « Mais là-bas aussi ils souffrent sans doute ; ils souffrent d'autant plus qu'ils vieillissent dans la colère. Pour Solange, ce me sera une éternelle pitié. »

Ainsi le mystère de cette âme subsiste. On ne saura jamais bien distinguer les limites où se touchaient en elle l'amour, le mépris et la haine. Le seul fait certain, c'est qu'à partir de sa rupture avec George, la vie du corps et celle de l'esprit ont fini en Chopin. Il était déjà condamné, dira-t-on. Pas plus qu'au retour de Majorque. Et son père ne succomba au même mal qu'à soixante-quinze ans. Chopin a sciemment abandonné une lutte où il n'y avait plus de raison pour vouloir vaincre. Aussi bien, il le dit : « Et pourquoi reviendrai-je ? Pourquoi Dieu ne fait-il pas en sorte de me tuer d'un coup au lieu de me laisser mourir lentement d'une fièvre d'irrésolution ? Et mes Écossaises me tourmentent par-dessus le marché. Mme Erskine, qui est très bonne protestante, voudrait peut-être faire de moi un protestant, car elle m'apporte toujours la Bible, me parle de l'âme et me marque des Psaumes à lire. Elle est religieuse et bonne, mais elle est très préoccupée par mon âme. Elle me *scie* tout le temps en me disant que l'autre monde est meilleur que celui-ci, et je sais cela par cœur. Je lui réponds par des citations des Saintes Écritures et lui déclare que tout cela m'est connu. »

Ce mourant se traîne encore de Londres à Édimbourg, dans un château du duc de Hamilton, revient à Londres, donne un concert au profit des Polonais, écrit son testament. Gutmann, son ami et son élève, l'informe qu'à Paris le bruit de son mariage circule. Ces malheureuses Écossaises sans doute ! « L'amitié reste l'amitié, répond Chopin. Et même si je pouvais m'éprendre d'un être qui m'aimerait comme je désirerais d'être aimé, je ne me marierais quand même pas, parce que je n'aurais pas de quoi manger et ne saurais où me loger. Une richarde cherche un riche, et si elle aime un pauvre, au moins ne doit-il pas être infirme... Non, je ne pense pas à une épouse ; bien plutôt à la maison paternelle, à ma mère, à mes sœurs... Et mon art, où a-t-il passé ? Et mon cœur, où l'ai-je galvaudé ? C'est à peine si je puis me souvenir encore comment l'on chante chez nous. — Le monde s'évanouit autour de moi de manière tout à fait étrange — je me perds — je n'ai plus aucune force. — Je ne me plains pas à toi, mais tu m'as questionné et je t'explique : je suis plus proche du cercueil que du lit nuptial. Mon âme est en paix. Je suis résigné. »

Il part enfin au début de l'année 1849 pour retourner au square d'Orléans, et il envoie à Grzymala ses dernières recommandations. Qu'on achète des pommes de pin pour son feu. Que rideaux et tapis soient en place. Un piano de Pleyel aussi. Un bouquet de violettes au salon afin que la pièce embaume. « Je veux trouver encore un peu de poésie à mon retour lorsque je passerai du salon à ma chambre, où, sans doute, je me coucherai pour longtemps. »

Avec quelle joie il revoit son petit appartement ! Malheureusement le docteur Molin, qui seul possédait le secret de le remettre sur pied, est mort depuis peu. Il consulte le Dr Roth, le Dr Louis, le Dr Simon, un homéopathe. Tous prescrivent les vieux remèdes inefficaces : l'eau de gomme, le repos, les précautions. Chopin hausse les épaules. Il voit partout la mort : Kalkbrenner est mort ; le Dr Molin est mort ; le fils du peintre Delaroche est mort ; une servante de Franchomme est morte ; la cantatrice Catalani (qui lui avait donné sa première montre à l'âge de dix ans), vient de mourir aussi.

— En revanche, Noailles est mieux, dit l'une de ses Écossaises.

— Oui, mais le roi d'Espagne est mort à Lisbonne, riposte Chopin.

Tous ses amis lui font visite : le prince Czartoryski et sa femme, Delphine Potoçka, Mme de Rothschild, Legouvé, Jenny Lind, Delacroix, Franchomme, Gutmann.

Avec ça, pas un sou en caisse. Chopin, distrait et négligent, ne sait jamais très bien l'état de ses finances. Présentement, elles sont à zéro parce qu'il ne peut plus donner une seule leçon. Franchomme lui sert de comptable, mais il faut s'ingénier, inventer des fables pour expliquer l'origine des fonds que l'un ou l'autre de ses amis avance. S'il se doutait de cet état de choses, Chopin refuserait net. L'idée de ces charités lui serait insupportable. Il se produit même à ce propos une curieuse aventure. Les dames Stirling, voulant lui ôter ce souci, imaginèrent de faire remettre à sa concierge, sous pli cacheté et anonyme, une somme de vingt-cinq mille francs. Mme Étienne reçut l'enveloppe, la glissa derrière le globe de sa pendule et l'oublia. Lorsqu'elle s'aperçut que Chopin n'avait pas reçu cet argent, Mme Erskine fit à l'artiste sa confession. Il jeta les hauts cris. « J'ai dû lui dire beaucoup de vérités, raconte-t-il à Grzymala, comme par exemple celle-ci : qu'il faudrait être la reine d'Angleterre pour me faire accepter des cadeaux aussi princiers. » En attendant, et comme on ne retrouvait pas l'argent, le commissionnaire qui l'avait remis à la concierge interrogea un somnambule. Celui-ci demanda une mèche des cheveux de Mme Étienne pour pouvoir consulter utilement ses oracles. Chopin l'obtint par un subterfuge. Sur quoi l'homme extralucide déclara que le pli se trouvait toujours sous le globe de la pendule. Et en effet on l'y découvrit intact. « Hein ! Que dis-tu de cette affaire-là ? Comment trouves-tu ce somnambule ? Ma tête s'en va à force de stupeur. »

Comme chez les grands nerveux, la santé de Chopin est capricieuse. Il y a des hauts et des bas. Avec le retour du printemps il peut sortir un peu, se promène en voiture, mais il n'en descend pas. Son éditeur Schlesinger vient traiter d'affaires avec lui au bord du trottoir. Delacroix l'accompagne souvent. Il a consigné dans son *Journal* des notes qui nous demeurent précieuses.

29 janvier. — « Le soir, été voir Chopin ; je suis resté avec lui jusqu'à dix heures. Cher homme ! Nous avons parlé de Mme Sand, de cette bizarre destinée, de ce composé de qualités et de vices. C'était à propos de ses *Mémoires*. Il me disait qu'il lui serait impossible de les écrire. Elle a oublié tout cela ; elle a des éclairs de sensibilité et oublie vite... Je lui disais que je lui voyais à l'avance une vieillesse malheureuse. Il ne le pense pas... Sa conscience ne lui reproche rien de ce que lui reprochent ses amis. Elle a une bonne santé qui peut se soutenir ; une seule chose l'affecterait profondément : la perte de Maurice ou qu'il tournât mal.

« Quant à Chopin, la souffrance l'empêche de s'intéresser à rien et à plus forte raison au travail. Je lui ai dit que l'âge et les agitations du jour ne tarderaient pas à me refroidir aussi. Il m'a dit qu'il m'estimait de force à résister. « Vous jouissez, a-t-il dit, de votre talent dans une sorte de sécurité qui est un privilège rare, et qui vaut la recherche fiévreuse de la réputation. »

30 mars. « Vu, le soir, chez Chopin, l'enchanteresse Mme Potoçka. Je l'avais entendue deux fois ; je n'ai guère rencontré quelque chose de plus complet... Vu Mme Kalerji. Elle a joué, mais peu sympathiquement ; en revanche, elle est vraiment fort belle quand elle lève les yeux en jouant, à la manière des Madeleines du Guide ou de Rubens.

14 avril. « Le soir, chez Chopin ; je l'ai trouvé très affaissé, ne respirant pas. Ma présence, au bout de quelque temps, l'a remis. Il me disait que l'ennui était son tourment le plus cruel. Je lui ai demandé s'il ne connaissait pas auparavant le vide insupportable que je ressens quelquefois. Il m'a dit qu'il savait toujours s'occuper de quelque chose ; si peu importante qu'elle soit, une occupation remplit les moments et écarte ces vapeurs. Autre chose sont les chagrins.

22 avril. « Après dîner, chez Chopin, homme exquis par le cœur, et, je n'ai pas besoin de dire, pour l'esprit. Il m'a parlé des personnes que j'ai connues avec lui... Il s'était traîné à la première représentation du *Prophète*. Son horreur pour cette Rhapsodie. »

Au mois de mai, il brûla ses manuscrits. Il essaya de rédiger une méthode de piano, y renonça, la brûla avec le reste. Évidemment, l'idée de l'imparfait, de l'inachevé, était insupportable à son esprit.

Les médecins lui ayant recommandé un air plus pur, un quartier plus tranquille, ses amis louèrent un appartement dans la rue de Chaillot, au deuxième étage d'une maison neuve, et l'y transportèrent. On y avait une belle vue sur Paris. Il restait là, immobile derrière sa fenêtre, parlant très peu. Vers la fin de juin, il voulut brusquement et coûte que coûte, revoir les siens. Il leur envoya une lettre d'appel, qu'il mit deux jours à écrire.

CHAPITRE DIX-HUIT
LES CYPRÈS ONT LEURS CAPRICES

« adame Louise Iedrzeïewicz.

« *Paris, lundi 25 juin 1849.*

« Mes chers aimés,
« Si vous le pouvez, arrivez. Je suis malade, et aucun médecin ne m'aidera comme vous. Si l'argent vous manque, empruntez-en ; quand j'irai mieux, j'en gagnerai facilement et rendrai à celui qui vous aura prêté, mais maintenant je suis trop à sec pour pouvoir vous envoyer quelque chose. Mon appartement de Chaillot est assez grand pour vous recevoir, même avec deux enfants. La petite Louisette profiterait sous tous les rapports. Le *père* Calasante* courrait toute la journée ; nous avons ici près l'exposition des produits agricoles, en un mot, il aurait beaucoup plus de temps libre pour lui qu'autrefois, parce que je suis plus faible et que je resterai davantage à la maison avec Louise. Mes amis et toutes les personnes qui me veulent du bien, trouvent que le meilleur remède pour moi serait l'arrivée de Louise, comme elle l'apprendra sûrement par la lettre de

---

* Son beau-frère.

Mme Obreskow. Procurez-vous donc votre passeport. Des personnes que Louise ne connaît pas me disaient aujourd'hui, l'une du Nord, l'autre du Midi, que ce ne serait pas seulement profitable pour ma santé mais aussi pour celle de ma sœur.

« Donc, mère Louise, et fille Louise, apportez votre dé et vos aiguilles, je vous donnerai des mouchoirs à marquer, des bas à tricoter, et vous passerez pendant quelques mois votre temps à l'air frais avec votre vieux frère et oncle. Le voyage est maintenant plus facile, il ne faut pas non plus de nombreux bagages. Nous tâcherons ici de nous contenter de peu. Vous trouverez le gîte et la nourriture. Si même parfois Calasante trouve que c'est loin des Champs-Élysées à la ville, il pourra se loger dans mon appartement du square d'Orléans. Les omnibus partent du square même pour s'arrêter à ma porte. Je ne sais pas moi-même pourquoi je veux tant avoir Louise, c'est comme une envie de femme enceinte. Je vous jure que pour elle ce sera bien aussi. J'espère que le conseil de famille me l'enverra : qui sait si je ne la ramènerai pas quand je serai guéri ! C'est alors que nous nous réjouirions tous et que nous nous embrasserions, comme je vous l'ai déjà écrit, mais sans perruque et avec nos propres dents. La femme doit toujours obéissance à son mari : c'est donc au mari que je demande d'amener sa femme ; je l'en prie de tout mon cœur et s'il pèse bien la chose il verra qu'il ne peut, ni à elle, ni à moi, faire un plus grand plaisir, ni rendre un plus grand service, même aux enfants, si on amène l'un d'eux (pour la petite fille je n'en doute pas). On dépensera de l'argent, c'est vrai, mais on ne peut mieux l'employer, ni voyager à meilleur compte. Une fois sur place, le toit se trouvera. Écrivez-moi un petit mot. Mme Obreskow, qui a eu l'amabilité de vouloir écrire (je lui ai donné l'adresse de Louise), la persuadera peut-être mieux. Mlle de Rozières aussi ajoutera un mot, et Cochet, s'il était ici, parlerait pour moi, car sans doute il ne me trouverait pas mieux. Son Esculape ne s'est pas montré depuis dix jours, parce qu'il s'est aperçu enfin qu'il y avait dans ma maladie quelque chose qui dépassait sa science. Malgré cela vantez-le beaucoup à votre locataire et à tous ceux qui le connaissent, et dites qu'il m'a fait le plus grand bien ; mais j'ai la tête ainsi faite : quand je vais un peu mieux, cela me suffit. Dites aussi que tout le monde trouve qu'il a guéri quantité de personnes du choléra. Le choléra diminue beaucoup, il a presque disparu. Il fait un temps superbe ; je suis assis au salon, d'où j'admire le panorama de tout Paris : les tours, les Tuileries, les Chambres, Saint-Germain-l'Auxerrois, Saint-Étienne-du-Mont, Notre-Dame, le Panthéon, Saint-Sulpice, le Val de Grâce, les cinq fenêtres des Invalides, et, entre ces édifices et moi, rien que des jardins. Vous verrez tout cela quand vous viendrez. Maintenant occupez-vous un peu du passeport et de l'argent, mais faites vite. Écrivez-moi tout de suite un mot. Vous savez que les cyprès ont leurs caprices : mon caprice aujourd'hui, c'est de vous voir chez moi. Peut-être Dieu permettra-t-il que tout aille bien ; mais si Dieu ne le veut pas, agissez du moins comme s'il le permettait. J'ai bon espoir car je ne demande jamais grand'chose, et je me serais abstenu *de cela* aussi, si je n'y avais pas été poussé par tous ceux qui me veulent du bien. Remue-toi, Monsieur Calasante, je te donnerai en revanche de *grands* et excellents cigares ; je connais quelqu'un qui en fume de fameux ; notez bien : au jardin. J'espère que ma lettre écrite pour la fête de Maman est arrivée, et que je n'ai pas trop manqué à la fête. Je ne veux pas penser à tout cela, car j'en gagne la fièvre, et grâce à Dieu, je n'ai pas de fièvre, ce qui déroute et fâche tous les médecins ordinaires.

« Votre frère attaché, mais bien faible.

« Ch.

CHAPITRE DIX-NEUF
MORT DE CHOPIN

« Mère Louise » et « fille Louise » accoururent aussitôt. Calasante les accompagna. Chopin aurait bien voulu voir encore auprès de lui l'ami de sa jeunesse, Titus, qui venait d'arriver à Ostende. Mais, étant sujet Russe, des difficultés de passeport l'empêchèrent d'entrer en France. « Les médecins ne me permettent pas de voyager », lui écrit le malade, qui espérait pouvoir aller à sa rencontre. « Je bois de l'eau des Pyrénées dans ma chambre. Mais ta présence me serait plus bienfaisante que toutes les médecines. À toi jusque dans la mort, ton Frédéric. »

Six semaines environ s'écoulèrent sans aucun mieux. Chopin ne parlait presque plus et se faisait entendre par signes. Une consultation eut lieu entre les docteurs Cruveillé, Louis et Blache. Ils conclurent que tout déplacement dans le Midi était désormais inutile, mais qu'il serait préférable de transporter le mourant dans un logement chauffable, plus commode et bien exposé. Après de longues recherches on trouva ce qui convenait au n° 12 de la place Vendôme. Chopin y fut mené. Une dernière fois il prit sa plume pour écrire à Franchomme. « Je te verrai l'hiver prochain, étant enfin installé de manière confortable. Ma sœur restera avec moi, si on ne la rappelle pas d'urgence. Je t'aime, c'est tout ce que je puis te dire pour le moment, car je suis brisé de fatigue et de faiblesse. »

Charles Gavard, le jeune frère d'une de ses élèves, venait le voir souvent et lui faisait la lecture. Chopin lui indiquait ses préférences. Il revenait le plus volontiers au *Dictionnaire Philosophique* de Voltaire, dont il appréciait surtout la forme, la concision et la sûreté de goût. C'est précisément le chapitre *Des différents goûts des peuples* que Gavard lui lut l'une des dernières fois.

Son état empira rapidement ; cependant il se plaignait peu. L'idée de sa fin ne semblait pas l'affecter beaucoup. Dans les premiers jours d'octobre il n'eut plus assez de force pour se tenir assis. Les accès d'étouffement augmentèrent. Gutmann, qui était très grand et robuste, savait s'y prendre avec adresse pour le soutenir, le caler dans ses oreillers. La princesse Marceline Czartoryska reprit son service de garde-malade, passant à la place Vendôme la majeure partie de ses journées. Franchomme revint de la campagne. Autour de l'agonisant, les parents et les amis se rassemblaient, prêts à se rendre utiles. Ils se tenaient tous dans la pièce voisine de celle où Chopin vivait ses derniers jours.

Un de ses amis d'enfance, l'abbé Alexandre Jelowiçki, avec lequel il avait été en froid, voulut le revoir lorsqu'il apprit la gravité de sa maladie. Trois fois de suite on refusa de le recevoir ; mais l'abbé réussit à informer Chopin de sa présence et il fût admis aussitôt. Dès lors il revint tous les jours. Chopin eut de la joie à retrouver ce camarade d'autrefois.

— Je ne voudrais pas mourir, dit-il, sans avoir reçu les sacrements afin de ne pas peiner ma mère, mais je ne les comprends pas comme tu le désires. Je ne puis voir dans la confession que le soulagement d'un cœur oppressé dans le cœur d'un ami.

L'abbé a raconté que le 13 octobre, au matin, il trouva Chopin un peu mieux.

— Mon ami, lui dit-il, c'est aujourd'hui la fête de feu mon pauvre frère. Il faut que tu me donnes quelque chose pour ce jour-ci.

— Que puis-je te donner ?

— Ton âme.

— Ah ! je comprends, s'écria Frédéric. La voici, prends-là.

Jelowiçki tomba à genoux et présenta le Crucifix à Chopin qui se mit à pleurer. Il se confessa aussitôt, communia, et reçut l'extrême-onction. Il dit ensuite, en embrassant son ami de ses deux bras, à la polonaise : « merci, mon cher, grâce à toi je ne crèverai pas comme un cochon. » Cette journée fut plus calme. Mais les crises de suffocation recommencèrent bientôt. Comme Gutmann le tenait dans ses bras durant l'un de ces accès épuisants, Chopin dit après un long silence essoufflé :

— Maintenant, j'entre en agonie.

Le médecin tâta son pouls et chercha quelque parole rassurante. Mais Chopin reprit avec autorité :

— C'est une rare faveur que Dieu fait à l'homme en lui dévoilant l'instant où commence son agonie ; cette grâce, il me l'a faite. Ne me troublez pas.

C'est ce soir-là aussi que Franchomme l'entendit murmurer : « Elle m'avait dit pourtant que je ne mourrais que dans ses bras. »

Le dimanche 15 octobre, son amie Delphine Potoçka arriva de Nice, d'où une dépêche l'avait rappelée. Quand Chopin sut qu'elle se trouvait dans son salon, il dit :

— C'est donc cela que Dieu tardait tant à m'appeler à lui, il a encore voulu me laisser le plaisir de la voir.

À peine se fût-elle approchée de son lit, que le moribond exprima le désir d'entendre chanter la voix qu'il avait aimée. On roula le piano sur le seuil de la chambre. Étouffant ses sanglots, la comtesse chanta. À cause de l'émotion générale, personne ne put se souvenir plus tard avec certitude quels furent les morceaux de son choix. Pourtant, à la demande de Chopin, elle chanta deux fois.

On entendit subitement le râle du mourant. Le piano fut repoussé et ils se mirent tous à genoux. Toutefois ce n'était pas la fin et il passa encore cette nuit. Le 16, sa voix s'éteignit et il perdit connaissance pendant plusieurs heures. Mais il revint à lui, fit signe qu'il voulait écrire, et mit sur une feuille de papier sa dernière volonté :

« *Comme cette terre m'étouffera, je vous conjure de faire ouvrir mon corps pour je sois pas enterré vif.* »

Plus tard, il recouvra de nouveau faiblement l'usage de la parole. Alors il dit :

— On trouvera beaucoup de compositions plus ou moins esquissées ; je demande, au nom de l'attachement qu'on me porte, que toutes soient brûlées, le commencement d'une *méthode* excepté, que je lègue à Alkan et à Reber pour qu'ils en tirent quelque utilité. Le reste, sans aucune exception, doit être consumé par le feu, car j'ai un grand respect pour le public et mes essais sont achevés autant qu'il a été en mon pouvoir de le faire. Je ne veux pas que, sous la responsabilité de mon nom, il se répande des œuvres indignes du public.

Il fit ses adieux à chacun. Appelant la princesse Marceline et Mlle Gavard, il leur dit : « Vous ferez de la musique ensemble, vous penserez à moi et je vous écouterai. » S'adressant ensuite à Franchomme : « Vous jouerez du Mozart en mémoire de moi. » Pendant toute cette nuit, l'abbé Jelowiçki récita les prières des agonisants, qu'ils redisaient tous ensemble. Chopin seul restait muet ; la vie ne se décelait plus que par des spasmes nerveux. Gutmann tenait sa main entre les siennes et de temps à autre il lui donnait à boire. « Cher ami », murmura Chopin une fois. Le visage devint noir et rigide. Le docteur se pencha vers lui et demanda s'il souffrait. « Plus », répondit Chopin. Ce fut le dernier mot. On s'aperçut quelques instants après qu'il avait cessé de vivre.

C'était le 17 octobre 1849, à 2 heures du matin.

Ils sortirent tous pour pleurer.

Dès le commencement de la matinée, on apporta en masse les fleurs préférées de Chopin. Clésinger vint mouler le visage du mort. Kwiatkowski en fit plusieurs dessins. Il dit à Jane Stirling, parce qu'il comprenait combien celle-ci l'avait aimé : « Il était pur comme une larme. »

CHAPITRE VINGT
ÉPITAPHE POUR UN POÈTE

La mort d'un artiste est le moment de sa transfiguration. Il y en a beaucoup qu'on croyait grands, dont l'œuvre pourtant retourne tout de suite à la poussière. Pour d'autres, au contraire, l'état glorieux ne commence qu'avec la mort. C'est peut-être, comme disait Delacroix, qu'en art tout est affaire d'âme. On ne parvient pas encore à se mettre d'accord sur le sens et la valeur de ce petit mot. Mais s'il en fallait donner une idée sensible, rien ne la fournirait mieux que la musique. « Un cri manifesté », la dénommait Wagner. Cela signifie sans doute : l'expression la plus spontanée de soi. L'artiste est celui qui a besoin de donner forme à son cri.

Chacun ne s'y prend pas de la même manière. À une vie somptueusement dépensée, comme celle de Liszt, s'oppose celle de Chopin, toute réservée, qu'aucune main n'a su cueillir, mais d'autant plus chargée en parfums. Tout ce qu'il n'a pas livré, son amour que personne n'a pris, ses pudeurs et ses timidités, cette continuelle fièvre de perfection, ses élégances, ses nostalgies d'exilé, et jusqu'à ses moments de communication avec l'inconnaissable, tout cela est resté en puissance dans son œuvre. Tel est encore aujourd'hui le secret de sa force. La musique reçut ce que femmes et hommes dédaignèrent. C'est pour elle qu'il se refusa. Comme on comprend la désolation de Schumann lorsqu'il apprit la mort du cygne, et cette belle image jaillie spontanément sous sa plume : « L'âme de la musique a passé sur le monde. »

C'est bien là ce que devaient obscurément sentir les foules qui se pressaient au Temple de la Madeleine le 30 octobre 1849. Il avait fallu treize jours pour préparer ces funérailles qu'on voulut aussi solennelles que la vie du mort le fût peu. Il n'était pourtant même pas chevalier de la Légion d'honneur, ce monsieur Frédéric Chopin ! N'importe. « La nature avait un air de fête », rapportent les journaux. Beaucoup de belles toilettes. (Il en aurait été flatté). Toutes les sommités du monde musical et littéraire, Meyerbeer en tête, Berlioz, Gautier, Janin. Il ne manquait que George Sand. M. Daguerry, le curé de la Madeleine, mit deux semaines à obtenir la permission de faire chanter des dames dans son église. C'est aux obsèques de Chopin qu'on doit cette tolérance. Il eût été impossible sans cela de donner le *Requiem* de Mozart. L'orchestre du Conservatoire l'exécuta, dirigé par Giraud. Les solistes étaient dissimulés par une draperie noire, derrière l'autel : Pauline Viardot et Mme Castellan, Lablache et Alexis Dupont. Lefébure-Wély tenait l'orgue. À l'Offertoire, il joua deux *Préludes,* celui en mi mineur (n° 4), et le 6e, en si mineur, composé à Majorque, en ce crépuscule où Chopin avait vu la mort tandis que la pluie tombait en rafales sur la Chartreuse de Valdemosa.

Le cercueil fut descendu ensuite au milieu de la multitude, pendant que retentissait pour la première fois la *Marche Funèbre* fameuse, orchestrée par Reber. Les cordons du poêle étaient tenus par le prince Czartoryski, Franchomme, Delacroix et Gutmann. Meyerbeer marchait derrière le corbillard. On se mit en route par les boulevards pour le cimetière du Père-Lachaise. C'est là que le corps de Chopin fut enterré, son cœur excepté, qu'on envoya à Varsovie, où il est resté depuis dans l'église de la Sainte-Croix. Beau symbole, qui convient à ce cœur fidèle.

Aucun discours ne fut prononcé. Dans les minutes de recueillement qui suivirent la descente de la bière, on vit une main amie jeter sur le cercueil cette terre polonaise qui avait été remise à Chopin le jour où il quitta sa patrie. Il y avait exactement dix-neuf ans de cela. Pendant toutes ces années, la poussière natale était restée dans la coupe d'argent, attendant ce suprême emploi. Or, maintenant il n'existait plus de Pologne. Plus que cette fine poignée de terre — et l'œuvre de Chopin : quelques cahiers, quelques vingtaines de pages où allait brûler, pendant trois quarts de siècle, la mystique d'une nation.

Le 17 octobre suivant, en 1850, miss Stirling alla dès le matin chez le fleuriste Michon, fournisseur de Chopin, et acheta tout ce qu'elle put trouver de violettes. Puis elle se rendit au Père-Lachaise et les déposa sur la tombe, ainsi qu'une couronne au nom de la famille du mort. À midi, la messe fut célébrée dans la chapelle du cimetière. Les assistants retournèrent ensuite sur la tombe, où le monument de Clésinger fut dévoilé. C'est une médiocre allégorie, faite par un homme qui haïssait Chopin. Comment une telle chose aurait-elle pu être belle ? Le médaillon seul a un peu de vie. Ces mots sont gravés sur le socle : *À Frédéric Chopin, ses amis.* Le député Wolowski voulut prononcer un discours, mais sa gorge se serra et l'on n'entendit rien. Tous ceux qui se trouvaient réunis là avaient été les amis du mort. Ils écoutaient encore sa voix, son piano, sa toux de poitrinaire. L'un d'eux se souvint de l'une de ses paroles : « Nul ne peut m'ôter ce qui m'appartient. »

Aujourd'hui, ces restes battus de la pluie, cette piètre Muse penchée sur sa lyre aux cordes brisées, se marient assez bien aux arbres du mont Saint-Louis. Il y a des promeneurs dans ce parc des morts. Ils s'arrêtent devant le buste de Musset, l'amant joli garçon qui mettait de si charmantes rimes à ses douleurs. Ils font un petit pèlerinage au mausolée d'Héloïse et d'Abélard, où une abbesse dévotieuse a fait graver ces mots : « L'amour, qui avait uni leurs esprits pendant leur vie et qui se conserva pendant leur absence par les lettres les plus tendres et les plus spirituelles, a réuni leurs corps dans ce tombeau. » Cela rassure les amants silencieux qui viennent à la dérobée jeter une fleur aux pieds de ces deux symboles de pierre, couchés parallèlement. Mais on ne voit personne dans l'étroite allée qui conduit de l'avenue centrale vers la tombe de Chopin. C'est qu'il n'a pas fourni une grande carrière d'amoureux, ce musicien des âmes. Il ne s'en est montré aucune accordée à la sienne. Elle n'a jamais trouvé son luthier.

Ce mot me fait souvenir d'une lettre qu'il écrivait à Fontana quatorze mois avant de mourir, et dans laquelle il jette quelque lumière sur ses profondeurs : « Le seul malheur, dit-il, consiste en ceci : que nous sortons de l'atelier d'un maître célèbre, quelque Stradivarius *sui generis,* qui n'est plus là pour nous raccommoder. Des mains inhabiles ne savent pas tirer de nous des sons nouveaux, et nous refoulons au fond de nous-même ce que personne n'en sait tirer, faute d'un luthier. »

Voilà une belle épitaphe pour un poète : mort faute d'un luthier. Mais où est-il, le luthier de notre vie ?

Étoy, le 17 octobre 1926.
77e anniversaire de la mort de Chopin.

FIN

SOURCES

Les sources où se peut puiser une documentation authentique sur la vie de Chopin sont extrêmement rares. De son vivant, peu de personnes prirent soin de conserver sa correspondance, bien qu'il en fût fort avare. Les uns n'y attachaient sans doute que peu de prix. D'autres la firent disparaître parce quelle dénudait une part trop intime de leur existence.

Une anecdote historique veut qu'Alexandre Dumas fils, lors d'un voyage sentimental qu'il fit en Pologne au printemps de 1851, soit tombé par hasard sur le dossier complet des lettres adressées par George Sand à Chopin. Dumas rapporta ce dossier en France, et, l'ayant restitué à la romancière, il vit celle-ci relire ses lettres, puis les jeter toutes dans son feu. Sans doute pensait-elle ainsi ensevelir décidément dans l'oubli les tristes vestiges d'un amour dont ni les élans ni les souffrances ne lui revenaient. L'incendie d'un immeuble de Varsovie où habitait Mme Barcinska, la plus jeune sœur de Chopin, en 1863, anéantit d'autres précieuses reliques.

Il ne nous est donc resté qu'un très petit nombre de lettres du compositeur. Encore ont-elles été altérées à plaisir par leur premier éditeur, Maurice Karasowski. Beaucoup de biographes les ont pourtant tranquillement copiées, sans prendre la peine de les collationner sur les textes originaux, ou tout au moins sur l'honnête et intégrale traduction allemande qu'en a donné à Leipzig M. B. Scharlitt, en 1911. M. Henri Bidou le premier, nous en a restitué une partie dans leur libellé original. L'ouvrage de Karasowski n'en reste pas moins important, parce que l'auteur, qui l'a écrit entre 1860 et 1863, était familièrement lié avec les sœurs et la nièce de Chopin, et qu'il a recueilli de leur bouche la tradition orale du foyer. Nous en avons utilisé une partie, en particulier ce qui concerne ses années d'enfance et sa mort, persuadé que cette pieuse légende prend son départ dans la vérité. D'autres épisodes, notamment le voyage à Berlin et son amour pour Constance Gladkowska, ont été empruntés à l'ouvrage du comte Wodzinski. Nous avons adopté aussi certains détails de pittoresque fournis par ce même biographe, ainsi que des renseignements de famille sur sa parente Marie Wodzinska. Disons ceci une fois pour toutes, afin de ne pas charger notre texte de références. Le lecteur curieux les trouvera toutes ci-après, dans la liste des Ouvrages Consultés.

Le premier travail complet et solidement documenté sur la vie de Chopin a été publié par F. Niecks, à Londres, en 1888. Niecks a encore connu nombre d'amis et d'élèves du maître. Son étude en tire une singulière saveur, que n'ont pas remplacé les travaux ultérieurs. Il a été publié d'autre part toute une série d'ouvrages sur notre musicien, plus particulièrement en langue polonaise, allemande ou anglaise. Citons avant tout autre le monumental *Chopin* de M. Ferdynand Hœsick. Mais si nous négligeons les plaquettes toutes fantaisistes et fautives données en France dans la seconde moitié du XIXe siècle (et jusqu'à nos jours), il en faut venir à l'ouvrage de M. E. Ganche pour trouver le premier livre complet et sérieux édité dans notre langue sur le musicien polonais. Le volume récent de M. H. Bidou le rectifie sur certains points et le développe sur quelques autres. C'est un travail indispensable à qui veut approfondir la musique de Chopin.

Comme nous l'avons précédemment tenté pour Liszt, nous n'avons cherché ici qu'à retrouver un visage et à le replacer dans son cadre. Et pour cela nous laissons toujours agir et parler nos personnages. Nous nous sommes scrupuleusement interdit de rien inventer. En revanche, nous ne nous sommes pas fait faute d'interpréter, estimant, comme nous l'avons diverses fois exprimé ailleurs, que tout fait tire sa valeur durable d'une interprétation artistique. Notre effort n'a tendu qu'à grouper dans un certain ordre les événements, à en dégager les lignes du cœur et celles de l'esprit sans prétendre expliquer ce qui, dans l'âme de Chopin, est toujours resté inexplicable ; à ne point ôter enfin à notre modèle cette ombre, qui lui donne son sens intime et sa nébuleuse beauté.

PRINCIPAUX OUVRAGES CONSULTÉS

Franz Liszt : *F. Chopin.* Leipzig (Breitkopf). 1852 et 1923 (ouvrage étrange et cahoteux, mais riche en renseignements d'ordre technique).

George Sand : *Histoire de ma vie.* 4 vol. Calmann-Lévy.

— *Un hiver à Majorque.* 1 vol., ibid. 1843.
— *Correspondance.*

Maurice Karasowski : *F. Chopin.* Varsovie, 1862, et nouv. édit. à Berlin, 1877 et 1925.

Comte Wodzinski : *Les trois romans de F. Chopin.* Calmann, 1886.

Robert Schumann : *Études sur la musique et les musiciens.* Trad. H. de Curzon. Paris. 1898.

M. Karlowicz : *Souvenirs inédits de F. Chopin.* Paris, et Leipzig, 1904 (trad. F. Disière).

Friedrick Niecks : *F. Chopin as a man and a musician.* Londres. (Novello), 1888, 2 vol.

Kleczynski : *F. Chopin. De l'interprétation de ses œuvres. Paris, 1906.*

Wladimir Karénine : *George Sand, sa vie et ses œuvres.* Pion, 1899-1926. 4 vol. (Important et remarquable ouvrage, renfermant quantité de documents inédits dont nous avons fait un large usage.)

Bernard Scharlitt : *F. Chopins gesammelte Briefe.* Leipzig, 1911. (Seul texte authentique et complet des lettres).

Samuel Rocheblave : *George Sand et sa fille.* Paris, 1905.

Elie Poirée : *Chopin.* Paris, 1907.

Édouard Ganche : *Frédéric Chopin, sa vie et ses œuvres.* Paris, 10e éd. *(Mercure de France), 1923*

Ferdynand Hœsick : *Chopin,* 3 vol. Varsovie, 1911.

I. Paderewski : *À la mémoire de F. Chopin* (discours). 1911.

James Huneker : *Chopin, the man and his music.* Londres. (Reeves) 1921.

Eugène Delacroix : *Journal.* Plon, 3 vol., nouv. éd., 1926.

Opienski : *Chopin.* Lwow, 1910.

Henri Bidou : *Chopin.* (Libr. Alcan). 1926.

Aurore Sand : *Journal intime de George Sand.* Calmann-Lévy, 1926.

Je dois des renseignements précieux et inédits sur l'agonie de Chopin, ainsi que sa dernière volonté quant aux œuvres inachevées qu'il laissait, à une lettre d'Albert Grzymala adressée par celui-ci, peu de jours après la mort de Chopin, à son vieil ami M. Auguste Léo. Ses petits-fils ont bien voulu m'autoriser à en reproduire ici un important passage.

———

Copyright © 2025 by ALICIA EDITIONS
Crédits image : Canva, Wikipédia Commons
Portrait de Chopin par Maria Wodzinska, 1836, Nationalmuseum Warschau
Source https://de.wikipedia.org/wiki/Fr%C3%A9d%C3%A9ric_Chopin#/media/Datei:Chopin,_by_Wodzinska.JPG
ISBN E-book : 9782384555802
ISBN Broché : 9782384555819
ISBN Relié : 9782384555826

Tous droits réservés

www.ingramcontent.com/pod-product-compliance
Lightning Source LLC
LaVergne TN
LVHW092010090526
838202LV00002B/86